Denise Schäricke

Der Mann, der den Kuchen nicht bezahlte

www.tredition.de

© 2016 Denise Schäricke

Verlag: tredition GmbH, Hamburg

ISBN
Paperback: 978-3-7345-6813-8
Hardcover: 978-3-7345-6814-5
e-Book: 978-3-7345-6815-2

Printed in Germany

Urheberrecht Bild Umschlag vorn: Lorelyn Medina, Shutterstock Bildnr. 69662020

Das Werk, einschließlich seiner Teile, ist urheberrechtlich geschützt. Jede Verwertung ist ohne Zustimmung des Verlages und des Autors unzulässig. Dies gilt insbesondere für die elektronische oder sonstige Vervielfältigung, Übersetzung, Verbreitung und öffentliche Zugänglichmachung.

Inhaltsverzeichnis

Das Vorwort vor dem Vorwort..................................9

Vorwort..11

Online-Dating ist doch wie Online-Shopping..........13

- Deine Größe..21

- Rauchst du?..23

- Kinder?..25

- Tiere?..28

- Dein Job..30

Quiz..42

Dein Beziehungsstatus - mein Beziehungsstatus............49

Der Mann mit der Mütze......................................56

- Gar kein Foto..58

- Mehrere Bilder, aber immer das gleiche..........59

- Unscharfe oder unkenntliche Bilder............... 60

- Oben ohne Bilder..61

- Männer können keine Selfies..................................63

- Schau mir nicht in die Augen, Kleiner......................65

- Zähne zeigen...67

- Körperkunst - Tattoo, Piercing und Tunnel..............71

- Tierfotos...74

- Fotos bei Aktivitäten..75

- Suchbilder..77

- Die abgeschnittene Blondine...................................78

- Der Mann, der auf der Seite liegt............................79

- Der eine gute Schnappschuss deines Lebens.........80

Nomen est Omen - was dein Profilname über dich verrät..85

Bist du ein Fake?..90

Die Welt ist klein...94

"No tourists, please."..96

Berlin Berlin - ist eben anders..................................99

Die Altersspalte..102

Frauen schreiben nicht an - Männer aber auch nicht...106

"Hallo, wie geht's?" oder Der 1. Satz...............................110

- Das No Go Thema...118

- Ist Sex ein No Go Thema?..120

- Erste Sätze, die nicht funktionieren...........................121

Keine Antwort ist auch ne Antwort................................123

Immer diese Mingles...129

Texten, whatsappen oder telefonieren?......................138

Nun sag schon, auf welchen Typ Mann stehst du?.......145

Über Nacht verändert sich die Matrix...........................148

Dein Outfit beim 1. Treffen..153

- Die Duftfalle...156

Der Mann, der den Kuchen nicht bezahlte....................159

Time to say goodbye...165

Wer meldet sich nach dem Date?.................................167

- Und vergiss die 3-Tage-Regel....................................168

Kuriositätenquintett..171

- Der Weltverbesserer mit dem Bananensaft................172

- Der Autist oder Pass auf, was du dir wünschst............177

- Die Kichererbse..183

- Die Labertasche...187

- Koch21..193

- In meinem Alter kann man nicht so wählerisch sein..194

- Der Mann mit dem Schrein...................................195

- Der Kommunikationswissenschaftler, der nicht kommunizierte..199

Danksagung..205

Über mich..207

Das Vorwort vor dem Vorwort

Lieber Leser, geht es dir auch so wie mir mit diesen Vorwörtern? Ich überblättere die ja immer herzlich gerne, da ich die meist sehr langweilig finde. Und wen stört es schon, wenn man das Vorwort überspringt? Mich jedenfalls stört es überhaupt nicht. Fühl dich frei zum ersten Kapitel zu blättern und dir mein Vorwort zu schenken. Ein Vorwort – und meins leider auch – ist meines Erachtens so ziemlich der unsexyste Teil in einem Buch. Aber danach geht es los mit meinen Lach-und Sachgeschichten inklusive etlicher Tipps zum Thema Online-Dating.

Vorwort

Online-Dating gehört heute zu den ganz normalen Möglichkeiten einen Partner kennenzulernen. Ich kenne viele, die das immer noch abtun als eine Plattform für oberflächliche Begegnungen oder als Affärentreffpunkt. Ich sehe das anders. In einem Zeitalter, in dem jeder mehr und mehr mit sich selbst beschäftigt ist, in dem der Job zum Partner wird und immer mehr Zeit einnimmt und Menschen scheinbar den persönlichen Kontakt scheuen, ist diese Variante, neue Menschen zu treffen, aktueller denn je.

Mir fällt schon ein großer Unterschied im Verhalten der Menschen auf, wenn ich das mit den beginnenden 2000er Jahren vergleiche. Da wurde ich noch angesprochen, wenn ich in einer Bar oder tanzen war. Heute passiert das nicht mehr. Ich werde nicht einmal mehr richtig wahrgenommen, da alle an ihren Smartphones sitzen und die Welt retten müssen statt sich umzusehen. Ich nehme mich da gar nicht aus. Höchstwahrscheinlich bekomme ich Flirtversuche gar nicht mit, weil ich gerade an meinem

Handy festhänge und meine Welt am Retten bin. Fakt ist: Online-Dating ist für mich eine perfekte Möglichkeit, um mit Menschen in Kontakt zu treten, die ich im realen Leben nicht treffen würde. Ich bestelle meine Schuhe online, sogar mein Klopapier – dank Amazon am nächsten Tag schon da – warum also nicht auch den Partner online suchen?

Dabei gibt es immer wieder viele Enttäuschungen und Verwunderung meinerseits. Ich meine zu beobachten, dass viele sich beim Online-Dating daneben benehmen, weil es so schön anonym ist, oder diese Plattform völlig falsch verstehen und deren Vorteile nicht voll nutzen. Damit möchte ich heute aufräumen und die wertvollen Aspekte hervorheben, Tipps für höhere Erfolgschancen liefern und einen souveränen Umgang mit dem Erstellen des Profils über die Kontaktaufnahme bis hin zum ersten Date anbieten.

Zunächst einmal glaube ich, dass jeder, der sich online anmeldet, die besten Absichten hat. Egal, welche Beziehungsform man sucht, ob nun eine feste Partnerschaft, so wie ich, einen Seitensprung oder eine dieser typischen Mingle[1]-Affären, ich bin wahrhaftig davon überzeugt, dass es jeder gut meint und vorhat, respektvoll mit anderen Menschen umzugehen. Doch oftmals lässt man sich leiten von den Erfahrungen, die man recht schnell online macht, ändert sein Verhalten und passt sich dem an, was vorgelebt wird. Ich nehme mich da nicht aus. Lest hier auch, wie ich anfange mich anders zu verhalten, als ich es je wollte und wie auch ich verunsichert werde und dadurch sicherlich oftmals respektlos mit dem anderen Geschlecht umgehe. Eine Entwicklung, die, wenn ich darüber nachdenke, erschreckend ist.

Wie kam es jetzt zu diesem Buch? Ich habe mich online bei ein, zwei, drei Dating-Plattformen angemeldet, um meinen neuen potentiellen Partner fürs Leben zu finden. Ja, irgendwie träume ich immer noch von der Vorstellung „bis dass der Tod uns scheidet". Gleichzeitig denke ich immer mehr wie die Autorin Anne Heintze, die über

---

[1] Mingle = mixed Single, ein Pärchen, das sich regelmäßig aber unverbindlich trifft und offiziell nicht zusammen ist.

Seelenpartnerschaft[2] schreibt. Dass man den idealen Partner nur für eine gewisse Zeit behalten darf – manchmal in der Tat bis zum Ende eines Lebens. Manchmal, oder meistens, eben nur für die Zeit, die man zusammen geht, in der man auch gut zusammen passt. Sobald man sich nicht mehr gemeinsam entwickelt und nicht mehr gemeinsam in die gleiche Richtung blickt, kann man sich voneinander lösen und nach neuen Wegen schauen. Dieser Gedanke gefällt mir gut und lässt mich von einer aufrichtigen Liebe und Beziehung träumen, die so lange dauert, wie sie eben dauert und echt und wahrhaftig ist. Nun, dies ist also mein Ziel gewesen, als ich mich bei einigen wenigen Dating-Formaten anmeldete.

Dass daraus einmal ein Buch entstehen würde, war nicht geplant. Doch nach etlichen Dates und auch Kontaktaufnahmen ohne Dates, nach kuriosen Erfahrungen und Erlebnissen, mussten meine Freunde Sille und Lars wohl die armen Leidtragenden sein, die ich mehr oder

---

[2] Anne Heintze: Seelenpartner – Liebe ohne Limit: Bedingungslose Liebe finden und schenken. Integral, 2015.

weniger dazu zwang, sich die meisten meiner Geschichten und Klagen anzuhören. Ich erinnere mich an einen Nachmittag bei den beiden auf dem Balkon, als ich von einem Date zurück kam und mal wieder über die Männerwelt wetterte. Es war das Date, bei dem der Mann den Kuchen nicht bezahlte. Lars sagte: „Denise, schreib das doch mal alles auf. Das ist witzig und kann ja anderen nur helfen." „Wow," dachte ich. „witzig finde ich das ja gar nicht. Aber Lars hat Recht. Das muss ich doch wirklich mal aufschreiben und andere daran teilhaben lassen – zur Erheiterung, zur eigenen Reflektion und eben auch gespickt mit dem unterschwelligen Rat, es besser zu machen, wenn man selbst auch online datet." Gesagt, getan. Und danke an Sille und Lars für diese Idee.

Danach habe ich statt einiger weniger nun etliche Dating-Plattformen ausprobiert, mich mit Frauen ausgetauscht, die auch online daten. All dies um mir ein umfangreiches Bild zu machen und um dir, lieber Leser, mehr Klarheit in die große Welt des Online-Datings zu bringen: von Tinder über Parship, Elitepartner bis Finya, myflirt und neu.de… Jeder Anbieter mit einem anderen Anspruch und

Slogan. Bei manchen war ich nur 2 Tage und habe mich sofort wieder abgemeldet, weil sich deren Anspruch nicht mit meinem deckte. Bei anderen war ich länger angemeldet, was sich dann als Nullnummer erwies oder eben auch als Glücksgriff. Ich habe viele nette Männer getroffen. Ich hatte mit vielen seltsamen Männern Kontakt. Ich habe Kurioses erlebt und Lustiges. Insgesamt war es eine sehr interessante Zeit, die ich nicht missen möchte.

Dir, lieber Leser, biete ich eine Dechiffrierung des Online-Datings. Ich habe die Plattformen getestet, Dating-Locations angeschaut und genau gecheckt, was in dein Profil gehört, damit du möglichst erfolgreich bist bei deiner Partnerwahl im Online-Dating-Dschungel.

Als Fazit: Kann man online einen Partner finden? Ich denke ganz definitiv: Ja, man kann. Die Chancen sind meines Erachtens sogar höher als im wahren Leben, weil die Penetrationsrate wesentlich höher ist. Gleichzeitig trifft man auf viel mehr schräge Vögel, weil auch hier die gleiche Rate proportional ansteigt. Ich kenne etliche befreundete Pärchen und Bekannte, die sich online kennen und lieben gelernt haben, langjährig zusammen und glücklich sind. Ich denke wirklich, die Chancen stehen gut und das Online-Dating ist im Grunde ein guter Helfer, um mit neuen Menschen in Kontakt zu kommen. Was sich daraus ergibt, nun, das weiß man vorher nie. Das weiß ich aber auch nicht, wenn ich jemanden in einem Club aufgable oder auf einer Party kennenlerne.

Mein Rat an alle: seid offen und probiert es einfach aus. Meldet euch bei einem Portal an, das euch sympathisch erscheint und das euren Suchkriterien entspricht (z.B. seitensprung.de finde ich sehr richtig, wenn du einen Seitensprung oder eine Affäre suchst. Und ja, meines Erachtens tummelt sich bei Elitepartner wirklich die Elite. Dort hatte ich die angenehmsten Kontakte).

In diesem Buch findest du neben Anekdoten aus meinem Dating-Leben also auch viele Tipps, die es dir leichter machen, nicht allzu viele FröschInnen treffen oder anschreiben zu müssen, bis der oder die potenzielle PartnerIn auf dich trifft.

Da ich meine eigenen Erfahrungen sowie die Erzählungen anderer Frauen aufschreibe, ist es eine einseitige Sicht auf das, was Männer alles anders machen könnten, um (zumindest bei mir) besser anzukommen. Aus Gesprächen mit männlichen Freunden und Bekannten weiß ich, dass Frauen die gleichen „Fehler" machen. Also, liebe Damen, die online unterwegs sind, fühlt euch auch gern angesprochen und schaut mal in euren Profilen, ob auch ihr das ein oder andere optimieren könnt.

Online-Dating ist doch wie Online-Shopping…

…für den neuen Partner.

Und damit sind wir auch schon bei dem meines Erachtens wichtigstem Punkt für erfolgreiches Online-Dating: deinem Profil. Besser gesagt: deinem bitte ausführlich ausgefülltem Profil. Ich möchte die wichtigsten Eckdaten einfach vorab wissen. Welche das sind? Zugegeben, das kann für jeden etwas anderes sein. Ich weiß, dass vielen Damen das Sternzeichen wichtig ist. Mir ist das herzlich egal. Doch gib mir doch eine Grundinfo. Viele halten mich für oberflächlich, wenn sie mich mit einem komplett leeren Profil anschreiben und ich dann antworte, dass ich gern ein paar Eckdaten hätte. Neulich fragte doch glatt jemand, ob ich „nur mit Models ficken würde", als ich nach einem Foto und ein paar Details fragte. Woher kommt diese Überreaktion? Ich finde das nur fair zu wissen, mit wem ich in Kontakt stehe.

Angenommen wir würden uns im Supermarkt kennenlernen. Dann sehe ich auf einen Blick wie groß du bist, welche Figur du hast usw. Ich sehe sogar noch viel mehr. Wenn du mich anschaust oder sogar ansprichst, sehe ich deine Mimik und Gestik und kann eher einschätzen, ob ich dich sympathisch finde oder nicht. Da das online nicht möglich ist, sind die Eckdaten das, wonach ich gehe. Ist das oberflächlich oder eher eine Zeitersparnis für beide Seiten?

Wie schon erwähnt, ich bin begeisterter Online-Shopper (na zugegeben, ich bin begeisterter Shopper – ob online oder in der Stadt in echten Geschäften). Ich bestelle mir keine Schuhe online, von denen ich keine Fotos sehe, das Material oder die Absatzhöhe nicht beschrieben sind. Ich bestelle mir keinen neuen Fernseher, dessen Maße und technische Daten mir nicht bekannt sind. In der Stadt kann ich die Materialen anfassen und fühlen, kann die Schuhe schon probieren, sehe den Fernseher und kann die Bildqualität im Geschäft anschauen, mir vorstellen, wie er in meinem Wohnzimmer wirkt. Online muss ich mich allein auf die Beschreibung verlassen. Also bitte, beschreibe dich, beschreibe dich gut und weihe mich schon mal in die wesentlichen Dinge ein, die es über dich zu wissen gibt. Welche das sind?

Deine Größe

Ja, ich möchte wissen, wie groß du bist. Ich möchte, dass du größer bist als ich. Da kommt mein Urinstinkt zum Vorschein, dass ich mich vom Mann beschützt fühlen möchte. Bitte sei größer als ich. Selbst gleichgroß ist mir zu klein. Deshalb bitte, nimm dir die Zeit und füll diesen Punkt aus. Ich berechne dann gleich, was ich beim möglichen ersten Date an Schuhen tragen kann. Flach, bissl Absatz oder High Heels.

Ich lese das immer wieder bei Tinder (meines Erachtens, die Plattform mit dem meisten Fun-Faktor. Das Wischen macht echt Spaß.), dass Männer unter ihren Bildern eine Größenangabe machen: „1,83, weil das hier wohl wichtig zu sein scheint." Liebe Männer, ja, das ist wirklich wichtig. Und natürlich kennen wir alle die Ausnahmen von der Regel. Tom Cruise und Nicole Kidman waren ja auch mal ein Paar und sie war gefühlte 8m größer als er (und allein wegen des Größenunterschiedes werden sie sich ja wohl nicht getrennt haben). Natürlich gibt es Frauen, denen das egal ist. Doch wie viele sind das wirklich?

Es ist auch hilfreich, wenn die Größe stimmt, die im Profil steht. Ich hatte kürzlich ein Date mit einem netten Mann, der laut Profil ein gutes Stück größer war als ich. Wir trafen uns vor einem Restaurant und ich war vergnügt, dass ich eine meiner Lieblingsjeans tragen konnte. Neu gekauft – online natürlich – in knalligem Rot mit Schlag und sehr langer Beinlänge. Das heißt, auf diese Hose kann ich nur hohe Schuhe tragen, da sie sonst auf dem Boden schleift und sämtlichen Unrat der Straße mitzieht. Ich kam also angestöckelt und sah ihn vor dem Restaurant auf mich warten ... leider war er definitiv nicht die versprochenen 1,86m groß. Weit, weit, ganz weit entfernt. Und das war mir – aber auch ihm – merklich unangenehm. Deshalb, warum verheimlichen? Das Offensichtliche kommt ja beim 1. Date eh ganz schnell raus. Es hätten sich vorab zwei Menschen diese Enttäuschung und den Zeitaufwand ersparen können. Der Nachmittag verlief trotzdem nett. Wir haben uns gut unterhalten. Doch ich kann dich einfach nicht sexy finden, wenn du zu klein bist.

Hinzu kommt, dass ich dich sofort als Lügner in meinem Gehirn abspeichere. Wenn du unseren Kontakt mit dem Biegen der Wahrheit beginnst, denke ich sofort: „Na, wo lügt er denn sonst noch?". Das ist doch schade für dich. Denn, selbst wenn das Date jetzt super läuft und ich dich vielleicht doch toll finde, so dass ich überraschenderweise über den Größenunterschied hinweggucken kann, du bist für mich ein Lügner und das macht bei mir gleich das Herz zu.

Und noch als Info am Rande: mit Größe meine ich in der Tat die Körpergröße. Länge und Umfang deines Penis' können wir gern beim dritten, vierten Date besprechen. Ich guck dann auch gern mal hin. In der allerersten Kennenlernphase brauch ich das noch nicht (jedenfalls nicht, wenn ich auf der Suche nach einer Partnerschaft bin. Bei einer Affäre sieht das natürlich schon wieder anders aus).

Rauchst du?

Im Zeitalter des Nichtrauchens ist das ein Punkt, der meiner Meinung nach in jedes Profil gehört. Rauchst du, ja oder nein? Bei Finya kann man ja noch „gelegentlich" angeben. Meiner Erfahrung nach sind das Raucher, die denken eine Schachtel am Tag sei gelegentlich. Ich sehe das immer wieder auch bei rauchenden Freundinnen: „Heute hab ich noch gar nicht viele. Erst 8 (um 11 Uhr morgens)." Für einen Nichtraucher wie mich ist jede Zigarette viel. Warum? Weil es unangenehm riecht, wenn du geraucht hast. Weil du unangenehm riechst, wenn du geraucht hast. Weil deine Zähne gelb werden. Weil mir schlecht wird, wenn dein Auto nach Rauch riecht. Ich möchte das wirklich nicht.

Ich hatte eines Abends ein Date mit einem Anwalt in einer Bar, der mich irgendwann fragte: „In deinem Profil steht, du datest nur Nichtraucher...?" Ich: „Ja, genau." Er: „Ups." Dann holte er seine Zigaretten raus und zündete sich eine an... Ähm, ja, das ist dann ja auch ein klares Setzen von Zeichen. Ihr könnt euch vorstellen, dass ich ihn nicht wieder traf. Nicht, weil ich ihn nicht mochte. Was ich nicht mochte, war das Rauchen, wie sein Atem roch, wenn er sich zu mir vorbeugte, um mit mir zu sprechen. Bäh!

Bin ich da knallhart? Naja, ich lasse Ausnahmen zu. Zum Beispiel, wenn dein bester Freund Vater geworden ist. Dann ist die Zigarre okay. Da paffe ich sogar mit. Genussrauchen auf einer Party oder bei einem besonderen Moment ist für mich auch okay. Aber tägliches Gewohnheitsrauchen möchte ich wirklich nicht ertragen. Also bitte, schreib das in dein Profil rein. Dieser Punkt ist doch meist eh von den Dating-Plattformen vorgegeben und kann leicht angeklickt werden.

Kinder?

Ich bin so überrascht, wie viele überrascht sind, dass mir dieser Punkt wichtig ist. Hast du schon Kinder aus einer oder gar mehreren früheren Partnerschaften? Ich bin jetzt 36. Das heißt, ich schaue in einem Altersradius von 30 – 42 nach potentiellen Partnern. Natürlich haben wir alle ein Vorleben gehabt. Natürlich ist es möglich, dass in diesem Alter schon Kinder in deinem Leben sind. Also, warum verschweigen? Gut, ich bin inzwischen Sherlock Holmes genug um zu spekulieren. Wenn bei dieser Spalte in deinem Profil ein Strich drin ist, gehe ich davon aus, da ist mindestens ein Kind und du willst es nicht sagen. Aber auch hier: ich verstehe nicht den Grund, diesen doch so großen Punkt zu verheimlichen. Überlass es doch dem Gegenüber mit dieser Information umzugehen und zu entscheiden, ob das ein Ausschlusskriterium ist oder nicht.

Ich traf mich vor einer Weile mit einem sehr attraktiven Mann im Restaurant. Gegen Ende des Dates erzählte er mir von seinem 3jährigen Sohn. Er zeigte mir auch Bilder. Ein süßer Fratz war das. Doch ganz ehrlich, wenn ich das vorher gewusst hätte, wäre es nicht zu dem Treffen gekommen. Nicht weil ich per se etwas gegen Männer mit Kindern habe, sondern weil dann wiederum weitere Eckdaten dazu kamen. In diesem Fall lag er im Streit mit seiner Ex-Partnerin, erstritt sich das Sorgerecht. Ich habe da einfach keine Lust drauf, dabei auch noch mitzumischen. Es gibt eben leider nicht nur solch perfekte Patchwork-Familien wie die Beckers. Zusätzlich muss ich gestehen, dass ich von dem Alter auch abgeschreckt war. Kleine Kinder sind etwas anderes als fast erwachsene. Bei einem 3jährigen denke ich gleich: „Oh weh, der kommt dann Sonntagmorgen ins Bett gekrabbelt." Oder „Da stehen Jahre des Clubfamilienurlaubs oder Campings an." Bei größeren Kindern im Teenageralter stelle ich mir das schon entspannter vor. Es ist eben doch ein Unterschied, ob es sich um die eigenen Kinder handelt oder um die anderer Menschen.

Natürlich kenne ich viele, sehr viele sogar, für die Kinder kein Ausschlusskriterium sind. Ich habe auch den Eindruck, dass Männer sehr viel lockerer damit umgehen, wenn Frauen schon ein Kind mit in die neue Partnerschaft bringen. Frauen sind da scheinbar mit einem höheren Besitzanspruch versehen worden und wollen den neuen Partner nicht teilen.

Auch hier meine finale Bitte: lass mich wissen, ob du Kinder hast. Schreib es in dein Profil. Auch das kann zwei Menschen gleich noch in der Kennenlernphase gegebenenfalls Enttäuschungen ersparen oder man kann sich bewusst überlegen, ob man sich treffen möchte oder nicht.

Tiere?

Wir leben in einer Zeit der Allergien. Laktoseintoleranz. Milcheiweißunverträglichkeit. Glutenintoleranz. Von Pollen sämtlicher Art ganz zu schweigen. Und eben auch Allergien auf Tierhaare. Ich kann mich glücklich schätzen nicht darauf zu reagieren. Der Vollständigkeit halber möchte ich diesen Punkt aber gern mit aufnehmen.

Tanja, eine meiner besten Freundinnen und früher Online-Daterin, hat 2 Katzen (plus all die, die sich ab und an bei ihr zum Gefüttert werden einfinden) mit wunderschönem bauschigen, kuscheligen Fell. Plüsch vom allerfeinsten. Wenn sie dies in ihrem Profil verschweigt, was passiert dann mit einem Allergiker, der das erste Mal zu Besuch bei ihr ist? Habt ihr das Bild vor Augen? Niesattacken. Gerötete Augen. An Flirten, eine schöne gemeinsame Zeit und gar an ein persönliches Näherkommen ist nicht mehr zu denken. Tanja war immerhin soweit vorbereitet, dass sie immer Antihistamine zu Hause hatte für den Fall der Fälle. Fakt ist, ein Mann mit einer Katzenhaarallergie wäre bei ihr nie glücklich geworden und hätte sich nie wohl gefühlt. Sie hätte zu seinen Gunsten nie auf ihre Katzen verzichtet oder diese ausquartiert.

Von daher finde ich persönlich Haustiere erwähnenswert. Insbesondere eine Vorliebe für exotische Tiere. Wenn du 12 Terrarien mit Schlangen, Spinnen und Echsen zu Hause hast, dann möchte ich das wissen. Denn dann würde ich mich bei dir nicht wohlfühlen. Du versorgst einen Bauernhof? Auch das möchte ich gern wissen. Dann sehe ich nämlich deine Zeit für mich schwinden. Gemeinsame Urlaube werden schwierig sein zu organisieren. Du hast einen Hund? Wie viele Menschen haben Angst vor Hunden? Sag mir das doch vorher. Da hilft auch kein: „Der tut ja nichts."

Eine meiner Freundinnen hat über einen längeren Zeitraum einen Mann mit Hund gedatet. Das lief ganz gut bei den beiden. Nur ein Punkt stieß ihr immer wieder übel auf: er konnte nie über Nacht bleiben, weil er den Hund füttern und Gassi gehen musste. Sie wohnt in einer kleinen Wohnung mit ihren zwei Kindern. Das heißt für den Hund wäre bei ihr kein Platz gewesen. Und sie konnte auch nicht mit zu ihm, weil sie ihre Kinder nicht allein lassen wollte. Also stahl er sich nachts, wie ein Dieb, davon und die schöne Zweisamkeit war futsch. Wieder und wieder. Abend für Abend. Als es dann an die gemeinsame Urlaubsplanung ging, stellte sie fest, dass die Auswahl der Reiseziele sich stark minimierte, denn der Hund musste mit. Eine Flugreise kam für das Herrchen nicht in Frage, eine Hundepension auch nicht... Ich denke, ich muss nicht erwähnen, dass das mit den beiden nichts wurde. Nach ein paar Monaten des Austestens haben sich die beiden entschieden wieder getrennte Wege zu gehen. Dafür hat der Hund sein Herrchen wieder ganz für sich und, mal ehrlich, das Herrchen hatte ja im Grunde schon einen festen Partner, der an Nummer 1 in seinem Leben stand – den Hund.

Dein Job

Ist mir wichtig, dass du Arbeit hast? Ja, ist es. Ist mir wichtig, welche Arbeit du hast? Nun, jein. Wenn ich mich ein paar Jahre zurück denke, kann ich diese zweite

Frage mit nein beantworten. Mir war wirklich nicht wichtig, welcher Arbeit du nachgingst. Inzwischen habe ich gelernt diesen Punkt anders zu sehen. Ich erinnere mich an eine Beziehung mit einem wunderbaren Mann, der weniger Geld verdiente als ich (und das nicht mal wirklich viel weniger. Nur ein paar Hunderter). Mir machte das nichts aus. Ihm zunächst auch nicht. Seinen Freunden schon eher. Sie stichelten regelmäßig, wenn ich mit einer neuen Handtasche um die Ecke kam und fragten ihn mehrfach ganz direkt, wie er damit klar käme, dass ich der Hauptverdiener in dieser Beziehung sei. Mit der Zeit entwickelte sich das zum Problem. Zugegeben, das war nicht der Haupttrennungsgrund, spielte aber gleichwohl in die Trennung mit rein.

Ähnliche Erlebnisse hatte ich auf Dates. Natürlich erzähle ich nicht, was ich verdiene. Gleichzeitig traue ich Männern das gleiche Sherlock Holmes-Gen zu, das ich auch habe. Wenn du mich fragst, was ich in meiner Wohngegend an Miete zahle, wohin ich wie oft in den Urlaub fliege, welche Handtaschenmarke ich dabei habe etc. – ich traue dir zu hochzurechnen. Und genau das tut mein Gegenüber häufig und ich sehe Entsetzen in manchen Augen. Bewunderung und Entsetzen gleichermaßen. Und im Grunde weiß ich in diesem Moment, ich könnte jetzt auch gehen. Dieses Date ist gelaufen und wird nicht wiederholt. Der Mann hat Angst vor mir bekommen. Komischerweise passiert das auch bei Männern, die ein vermutlich höheres Gehalt haben als ich.

Ich habe einmal über ein paar Monate einen phantastischen Mann gedatet, von dem ich überzeugt war, er würde mein nächster Seelengefährte werden. Da er sich in den etwas gehobeneren Kreisen in Berlin bewegte, kannte er sich mit Labels und Marken gut aus und war immer wieder wahrlich entsetzt, wenn er sah, dass ich mit Labels gekleidet bin, meine Handtasche und mein Schmuck von namhaften Labels sind und, oh Graus, ich mir diese selbst gekauft habe. Er fragte einmal ganz direkt, als er ein Mont Blanc-Armband an mir sah: „Kaufst du dir sowas selbst?" Ich: „Ja." Er: „Du willst mir erzählen, du gehst in eine Mont Blanc-Boutique und kaufst dir das einfach?" Ich: „Ja." Und statt sich mit mir mitzufreuen, waren das immer sehr komische Momente zwischen uns, die mich irritierten. Ich gehe für mein Geld arbeiten. Ich kaufe mir wenige Dinge, diese sind hochwertig. Meine Mutter sagt immer: „Wer billig kauft, kauft zweimal." Spannend, wie viele Männer negativ auf diesen Fakt reagieren, selbst dann wenn sie über viel Geld verfügen.

Was mir auch immer wieder auffällt, ist, dass sich mein Gegenüber von meinem Beruf oftmals einschüchtern lässt. In meinem Profil steht bei meiner Berufsbezeichnung Trainer / Coach. Darunter kann man sich zugegebenermaßen nicht wirklich viel vorstellen. Wenn ich dann beim Date genauer erzähle, was ich machen, bekommen viele – eigentlich alle, die nicht in der gleichen Branche arbeiten – sichtbar Angst, ich würde sie psychologisch auslesen und jetzt bis in die tiefsten Abgründe ihrer Seele gucken und Dinge sehen, vor denen sie selbst Respekt haben und wo sie lieber nicht hingucken möchten. Und ganz ehrlich, ich tu das nicht. Ich habe irgendwann Feierabend und genieße den Moment mit meinem Gegenüber. Ich analysiere dich nicht unter Coaching-Sicht einmal durch und stülpe dein Innerstes nach außen. Ich möchte einfach nur ein schönes Date mit dir haben.

Was ich eigentlich sagen möchte: Ich habe gelernt, der Beruf des Gegenübers ist wichtig. Mittlerweile schaue ich da anders drauf als früher. Ich schaue auf den höchsten Ausbildungsabschluss, der gerade bei den hochpreisigen Plattformen mit angegeben werden muss, damit die Matching-Punkte [3] errechnet werden können. Und während ich das hier schreibe, merke ich, wie sich mein Bauch unangenehm zusammenzieht über dieses Denken, das ich neuerdings habe. Doch ich denke immer mehr, dass ähnliche oder gleiche Schulabschlüsse eher auf ein gemeinsames Level schließen lassen können. Der Realschüler und die Doktorandin – irgendwann wird die Lücke zwischen den beiden wahrscheinlich auffallen. Ich spüre jetzt schon den Aufschrei einiger Leser bei diesem Satz.

---

[3] Bei manchen Dating-Plattformen wird aus den Daten, die Mann und Frau eingeben, eine sogenannte Matching-Punktzahl errechnet. Je höher diese Punktzahl ausfällt, desto eher passt man gut zusammen.

Und natürlich gibt es die Ausnahme von der Regel, aber wie hoch ist die Chance dieser Ausnahme?

Natürlich gibt es diese Traumberufe, zu denen wahrscheinlich die ganze Frauenwelt klischeebehaftet aufschaut. Ein Pilot oder ein Kapitän eines Schiffes in seiner stattlichen Uniform, die selbst den unattraktivsten Mann schön werden lässt. Ein Arzt mit seinem langen Kittel hat eine erhabene Aura von Wissen. Ein Firmenvorstand mit seiner machtvollen Ausstrahlung. Der Mann hinter der Bar mit seinem strahlenden Flirtlächeln und dem offenen Ohr für alle Gäste. Gleichwohl gibt es auf der weiblichen Seite auch diverse Berufe, die das Männerherz scheinbar höher schlagen lassen. Eine Flugbegleiterin versprüht weltgewandten Charme und etwas Besonderes. Eine Krankenschwester ist angeblich ein Luder und gut im Bett (sie kennt sich ja anatomisch bestens aus) und so weiter und so fort. Sag mir deinen Beruf und ich sage dir, was ich von dir denke. Sag mir deinen Beruf und ich spekuliere darüber, wie gut oder weniger gut wir beide zusammen passen könnten.

Und wenn ich ehrlich bin, habe ich auch zwei Traumberufe bei einem Mann, die mein Herz sofort höher schlagen lassen, selbst wenn andere Punkte, die mir sonst wichtig sind, nicht komplett erfüllt werden. Diese sind: Zahnarzt und Schreiner – am liebsten aus Australien. Überrascht?

Der Zahnarzt, weil ich mir denke, der muss clever sein. Der hat studiert. Er ist handwerklich begabt. Wer auf kleinstem Raum Implantate und Inlays setzen kann, so dass sie einwandfrei funktionieren, kann gut mit seinen Händen umgehen und ist geschickt. Wer den ganzen Tag mit Menschen zu tun hat, die nicht gerade freiwillig zu ihm kommen und Angst haben, hat Einfühlungsvermögen. Ich hatte mal in Berlin einen tollen Zahnarzt, der inzwischen in Rente ist. Und obwohl ich nicht auf ältere Männer stehe, fand ich ihn einfach nur toll und war sogar ein bisschen in ihn verliebt. Seit ich ihn kannte, habe ich immer besonders gut meine Zähne geputzt, weil er immer den Eindruck machte, persönlich traurig und enttäuscht von mir gewesen zu sein, wenn er mal eine Karies gefunden hatte.

Der Schreiner, weil ich mir vorstelle, dass Menschen, die mit Holz arbeiten, ein gutes Gemüt und ein freundliches Wesen haben müssen. Sie formen das Holz, das sich weich und nachgiebig ihnen hingibt. Sie sind auf jeden Fall handwerklich geschickt (ich meine, natürlich kann ich auch allein ein Regal zusammen bauen. Sollte es aber nicht müssen.) und ich stelle mir vor, wie gut ein Schreiner duftet, der gerade von der Arbeit nach Hause kommt. Männerschweiß und Holzgeruch. Welch Kombi. Schmacht.

Jetzt bleibt noch der Australier. Ich liebe dieses Lebensgefühl. Diese Lebensfreude. Die Freundlichkeit, die nur Menschen haben, die in sonnigen Ländern leben, auf dem Surfbrett aufgewachsen sind und den wunderbar leckeren australischen Wein schon mit der Muttermilch aufsaugen konnten.

Soweit zu meiner Traumvorstellung. Hatte ich schon ein Date mit einem australischen Zahnarzt oder Schreiner? Nein, hatte ich nicht. Weder mit einem Australier, noch mit einem Zahnarzt, noch mit einem Schreiner.

Ihr seht also, auch andere Berufe sind mir durchaus willkommen. Aber träumen ist ja erlaubt.

Mein Fazit zu diesem Kapitel: Ich glaube wirklich, dass es in Partnerschaften besser ist, wenn beide den gleichen Ausbildungsabschluss haben oder der Mann einen etwas höheren. Das ist für die Dynamik in einer Beziehung vorteilhafter. Also, eventuell auch bei diesem Punkt einmal länger darüber nachdenken, ob ihr den nicht im Profil ausfüllen wollt und auch beim Stöbern auf anderen Profilen darauf achtet.

Die meisten Plattformen bieten noch viele weitere Felder an, die ausgefüllt werden können. Meines Erachtens hat das viele Vorteile. Zum einen kann ich anhand der Eckdaten schon mal die grundlegenden Punkte abchecken, die mir wichtig sein könnten. Zum anderen habe ich bei einem ausführlicher ausgefüllten Profil gleich die Chance persönlichen Bezug zu nehmen und dich individueller anzuschreiben.

So steht in meinen Profilen zum Beispiel unter anderem drin, dass ich ein USA-Liebhaber bin. Sofort kannst du schauen, ob wir damit eine Gemeinsamkeit haben oder du nimmst es als Einstieg ins Gespräch: Was magst du an USA besonders? Wie kommt es, dass du USA so magst? Wo in USA gefällt es dir am besten? Welche anderen Gegenden auf der Welt magst du sonst noch?

Bei Finya gibt es 100 Fragen, die ausgefüllt werden können. Bei Parship oder Elitepartner sind es, glaube ich, um die 5-10, die einen genaueren Eindruck über die Person vermitteln können. Ich finde nicht, dass alle 100 Fragen ausgefüllt werden müssen, aber nimm dir doch ein paar vor, die mir etwas von dir erzählen und mir vielleicht sogar schon etwas von deiner Persönlichkeit verraten. Dann nehme ich viel lieber - oder eben nicht -, aber definitiv gezielter Kontakt mit dir auf.

Eine Freundin und ebenfalls Coach erklärte sich diese nicht ausgefüllten Profile mit der Idee, sich nicht festlegen zu müssen, wenn man diese nicht ausfüllt. So verrät man zwar nicht viel über sich, aber man bietet auch keine Angriffsfläche und schreckt von vornherein niemanden ab. Ich finde, da ist etwas dran und unterstreicht einmal mehr die „Generation beziehungsunfähig"[4], in der wir uns heute befinden. Bloß nicht festlegen oder festlegbar sein.

Ich hatte in meinem Profil auf einer meiner getesteten Online-Plattform stehen, dass es mir durchaus wichtig sei, wenn mein Partner Englisch spräche (siehe: Liebe zur USA – ich bin dort mindestens einmal im Jahr. Englisch hilft da schon weiter). Ich bekam eine Nachricht von einem Mann mit folgenden Worten: „Was bist du denn für eine arrogante blöde Kuh. Deutsch reicht wohl heutzutage nicht mehr. Fürs Ficken braucht man gar nicht zu reden." (dies war dann der Grund, mich schnell wieder von dieser Plattform abzumelden. Ähnliche Nachrichten bekam ich dort in Hülle und Fülle.). Ohne Worte. Ich frage mich in der Tat, warum Menschen ihre Zeit mit einem Shitstorm auf

---

[4] Michael Nast: „Generation beziehungsunfähig". Edel Germany, 2016.

jemanden verwenden, anstatt sie in das Durchstöbern weiterer Profile zu investieren, auf denen eine passende Partnerin gefunden werden kann? Was denkst du, wie ich mich auf so eine Nachricht verhalten werde? Ich lösche und sperre dich. Fertig.

Quiz

Nachdem, was du bisher auf den letzten Seiten erfahren hast, schau doch mal, welche Profile ich als gut ausgefüllt oder als weniger gut ausgefüllt bezeichnen würde.

Profil 1

> Beziehungsstatus: Single
>
> Suche: eine Frau im Alter von 30-42 für gemeinsame Partnerschaft
>
> Kinder: keine
>
> Kinderwunsch: vielleicht ja
>
> Beruf: Eventplaner
>
> Letzte Schule: Hochschulabschluss
>
> Größe: 1,86m
>
> Figur: sportlich
>
> Rauche: nein
>
> Hobbies: segeln, lesen, reisen
>
> Haustiere: nein

Profil 2

Beziehungsstatus: Single

Suche: eine Frau

Kinder: ---

Kinderwunsch: ---

Beruf: habe ich

Letzte Schule: ---

Größe: ---

Figur: ---

Rauche: ---

Hobbies: dies und das

Haustiere: ---

Profil 3

> Beziehungsstatus: es ist kompliziert
>
> Suche: eine Frau im Alter von 30-42
>
> Kinder: ---
>
> Kinderwunsch: vielleicht ja
>
> Beruf: Eventplaner
>
> Letzte Schule: Gesamtschule
>
> Größe: 1,86m
>
> Figur: normal
>
> Rauche: ---
>
> Hobbies: segeln, lesen, reisen
>
> Haustiere: ja, 2 Hunde

Profil 4

Beziehungsstatus: in einer Partnerschaft

Suche: eine Frau im Alter von 30-42 für Affäre

Kinder: 2

Kinderwunsch: ---

Beruf: Eventplaner

Letzte Schule: Hochschulabschluss

Größe: 1,86m

Figur: sportlich

Rauche: ja

Hobbies: Bierdeckel sammeln

Haustiere: ja

Hier nun die **Auflösung zum Quiz**:

- **Profil 1** mag ich, denn es verrät mir genau die Details, die ich gern wissen möchte, um abschätzen zu können, ob ich mit dir in Kontakt treten möchte oder nicht.
- **Profil 2** würde ich nicht anschreiben, da es mir überhaupt nichts von dir erzählt. Außer, dass du Single bist, erfahre ich nichts. Das wäre dann genauso, als würde ich im Internet eine neue Couch bestellen und erfahre keinerlei Details zu deren Maßen, Material, etc. Würde mich Profil 2 anschreiben und die Bilder gefallen mir, würde ich zwar antworten, aber mit der Bitte um mehr Information zu dir und zu dem, was du von deiner Suche auf einer Online-Dating-Plattform erwartest.
- **Profil 3** mag ich nicht, denn es macht mich stutzig. Wenn in deinem Beziehungsstatus steht „es ist kompliziert", dann ist das zwar wahrscheinlich eine ehrliche Aussage. Gleichwohl möchte ich

nichts Kompliziertes haben. Ich gehe davon aus, dass du noch in einer festen Partnerschaft bist, dich nicht traust dich zu trennen und nun nach einer neuen Frau suchst, die dir einen Grund für die Trennung liefert. Wenn dem so sei, dann halte ich dich eh für jemanden mit minderem Selbstbewusstsein, der nicht für sich und sein Glück im Leben einstehen kann und du wärst aus meiner Suche raus. Dann steht in deinem Profil, dass du „eine Frau" suchst. Wozu denn genau? Sei doch da bitte präziser und lege dich fest. Was ich zusätzlich an diesem Profil nicht mag, ist, dass du verheimlichst, ob du Kinder hast und ob du rauchst. Da die Gesamtschule dein höchster Schulabschluss ist, wärst du weiterhin raus aus meiner Suche. Für das Ausfüllen dieses Punktes bin ich dir dankbar. Doch ich gehe davon aus, dass ein Gesamtschüler und eine Frau mit Magisterabschluss intellektuell nicht zusammen passen.

- **Profil 4** mag ich wieder. Auch wenn das, was in diesem Profil steht, mir nicht gefällt, so kann ich doch sagen, danke, dass du das alles ausgefüllt hast, denn so weiß ich, dass du nichts für mich bist und klicke fröhlich weiter.

Dein Beziehungsstatus – mein Beziehungsstatus

Was ich ja bei den meisten Plattformen sehr schätze, ist, dass man sowohl eingeben kann, wie der eigene Beziehungsstatus lautet als auch, wonach man sucht. Bei mir steht zum Beispiel: „Ich bin Single und suche nach einer festen Partnerschaft." Finde ich klar formuliert.

Also stelle ich mir doch die Frage, wie kann es sein, dass mich etliche Männer kontaktieren, die auf der Suche nach einem Seitensprung oder einer Affäre sind? Ich versteh es wirklich nicht. Warum schreibt ihr mich an und seid dann noch beleidigt, wenn ich nicht antworte oder eine Absage erteile?

Ihr lest sicherlich an meinem Tonfall, dass mich dieser Punkt wirklich nervt, ja, sogar richtiggehend aufregt.

Und es ist gerade wieder passiert. Mich schreibt ein wirklich gutaussehender Mann an. Es passte von den Eckdaten alles – die waren nämlich ausgefüllt. In seinem Profil stand, er suche nach dem ganz Großen, nach einer

Frau, die sein Herz berührt und die Witz, Charme und Verstand hätte. Er wäre bereit sich neu zu verlieben. Wir texteten eine knappe Woche, telefonierten und der Draht zueinander war sofort da. Er hatte eine wunderbare Stimme – was mir auch wichtig ist. (Wenn mich deine Stimme nervt, schalte ich schnell ab und höre irgendwann nicht mehr zu.) Wir haben witzig erzählt und ich habe mich sehr auf das Treffen gefreut, das wir am Telefon ausgemacht hatten. Und auch da machte er alles richtig. Wir haben uns gesehen, haben uns gefallen, haben wieder toll gequatscht. Die Zeit verging wie im Fluge. Wir flirteten. Wie zufällig berührte er mit seinem Bein mal meines. Wir lächelten, klimperten mit den Augen, gingen nach dem Aufenthalt im Café noch spazieren. Er brachte mich zu meinem Auto, küsste mich leicht und gleichermaßen vielversprechend. Es war ein Traum. Und noch traumhafter war, als er fragte, wann wir uns wiedersehen würden und gleich Nägel mit Köpfen machte und ein Treffen zwei Tage später vorschlug. Ich schwebte zurück nach Hause.

Als ich zu Hause ankam, hatte ich schon gleich eine Nachricht von ihm auf dem Handy: wie schön er unser Treffen fand und dass er sich sehr auf unser Wiedersehen freuen würde. Perfekt. Einfach ein perfektes 1. Date.

Und dann…kam der Absturz. Am nächsten Tag meldete er sich verhalten. Das heißt, er meldete sich gar nicht, reagierte aber immerhin – kurzangebunden – auf meine Nachrichten. Da ahnte ich schon Übles. Immerhin habe ich inzwischen genug Dating-Erfahrung, um solche Zeichen deuten zu können. Am Tag des nächsten Treffens kam dann gar nichts von ihm. Bis dahin hatten wir täglichen Kontakt. Als ich ihn anschrieb, kam dann zunächst auch nichts zurück. Abends fasste ich mir dann nochmal ein Herz und fragte nach, woran es denn nun gelegen hätte, dass er mich nicht wiedersehen wollte.

Worüber ich mich wirklich gefreut hatte, war, dass er antwortete. Der Inhalt war dann weniger erfreulich. Er schrieb: „Du bist ne Hübsche. Ich such ne Frau für Sex, Süße…"

Der Text ging noch weiter. Ich könnte mich jetzt natürlich geschmeichelt fühlen, weil er sich das vorstellen könnte mit mir. Aber, ehrlich, ich rege mich grad mächtig auf und steigere mich da jetzt auch glatt rein, da das immer wieder passiert. Und ich frage mich, wie kann das gehen?

Ich fragte dann noch einmal nach, wie es käme, dass in seinem Profil ein Text stehe, der darauf schließen ließe, dass er sich verlieben möchte und nach dem besonderen Gefühl suche. Und seine, immerhin ehrliche, Antwort lautete: „Die Frauen stehen darauf. Das erhöht die Quote." Ich war sprachlos und bin es noch. Und ich merke langsam aber sicher, dass ich vielleicht mit viel zu viel Naivität an das Partnersuchen heran gehe. Andererseits kann ich doch jetzt auch nicht jedem Mann unterstellen, der ein tolles Profil hat, dass er damit nur seine wahren Absichten tarnt und sich als Wolf im Schafspelz entpuppt, oder? Welch ein Dilemma!

Aber nochmal, in meinem Profil steht, dass ich eine feste Partnerschaft suche. Ich finde diese Aussage sehr eindeutig. Die lässt meines Erachtens keinerlei Spekulationsspielraum zu. Also, warum, liebe Männerwelt, schreibt ihr mich überhaupt an, wenn ihr von vornherein wisst, dass ich nicht nur das Betthäschen sein möchte? Und wenn ihr mich trotzdem anschreibt, dann lotet doch bitte schnell aus – in einer der ersten Nachrichten – ob wir vielleicht doch nach etwas Ähnlichem suchen könnten. Aber bitte, verschwende nicht meine Zeit und meine Energie, indem ich mich eine Woche lang über deine Nachrichten und Anrufe und auf ein Treffen freue, wenn du von vornherein weißt, dass wir nicht übereinstimmen in unserem Suchbild. Mich ärgert das sehr.

Und auch hier bin ich wieder überrascht, wie oft das passiert. Und ich denke mir, habt ihr denn so viel Zeit, dass euch das nichts ausmacht, sie in Dinge zu investieren, die dann doch nicht laufen werden? Oder wie kann ich mir das erklären? Was bringt es euch denn? Es führt doch zu gar nichts.

Mich hatte mal ein Mann angeschrieben und wir tauschten schon nach der zweiten Nachricht Telefonnummern aus. Das fand ich ganz gut. Statt ewig zu schreiben, gleich mal den anderen live hören, der Stimme lauschen und mitbekommen, wie der andere so tickt. Ob er witzig spricht, Charme hat, usw. Auch er übersah in meinem Profil scheinbar die Angabe der festen Partnerschaft und nach 5 Minuten Smalltalk fragte er ganz direkt, ob mir eine rein sexuelle Beziehung lieb sei und ob ich mich in den Arsch ficken lassen würde. Weil wenn nicht, bräuchten wir gar nicht weiter reden.

Gut, war jetzt auch nicht die feine englische Art und ich war schockiert, weil diese Direktheit neu für mich war. Aber: ich kann ihm nicht vorwerfen, nicht effizient gewesen zu sein. Das Ganze kostete mich also ca. 7 Minuten meiner Lebenszeit: Ich musste mich nicht aufhübschen und irgendwohin fahren. Und die Sache war klar. Wunderbar. So kann es auch gehen. [5]

---

[5] Übrigens fragte er, nachdem wir aufgelegt hatten, noch per Textnachricht an, ob ich denn wenigstens schlucken würde, wenn er mich schon nicht in den Arsch ficken dürfte. Ich habe dann nicht mehr geantwortet.

Passt mal auf, liebe Männer. Wir Frauen ticken ganz anders als ihr. Zumindest wenn wir auf eine Partnerschaft aus sind. Da sind sexuell angehauchte Gespräche am Anfang einfach nicht drin. Ich habe mich mit so vielen Frauen unterhalten, ob sie es genauso sehen wie ich und sie bejahen vehement. Wenn wir euch erst einmal toll finden, dann bekommt ihr eh (fast) alles von uns. Aber bis es dazu kommt, wollen und müssen wir euch erst einmal näher kennenlernen. Ohne über euren Schwanz, eure sexuellen Vorlieben, Tabus oder Häufigkeit des Beischlafs reden zu wollen. Wenn ihr mit diesem (wirklich wichtigen) Thema zu früh anfangt (und zu früh ist vor, während und kurz nach dem 1. Treffen), geht bei uns der Keuschheitsgürtel zu und ihr seid aus dem Rennen.[6]

---

[6] Dies gilt natürlich nicht, wenn ihr auf seitensprung.de unterwegs seid.

Der Mann mit der Mütze

Wisst Ihr, was ich wirklich mag? Wenn ich einem Mann in den Haaren wuscheln kann (sehr zum Leidwesen vieler Männer, die sich grad so schön die Haare gestylt haben und ich hänge dann sofort wieder drin mit meinen Händen). Die Voraussetzung dazu sind natürlich Haare – auf dem Kopf (und ich meine ausschließlich auf dem Kopf). Woran erkenne ich, ob du Haare auf dem Kopf hast? Genau, an deinem Foto, das du in dein Profil reinstellst.

Ich gebe wirklich sehr gerne zu, dass es Männer mit Glatze gibt, die sehr attraktiv und sexy aussehen. Bruce Willis zum Beispiel oder auch Vin Diesel. Doch leider greifen viele Männer, ungeachtet ihrer Kopfform, hemmungslos zum Rasierer, sobald die Stirn etwas breiter wird. Doch dann bitte, egal, wie deine Frisur aussieht (ich denke, dir wird es ja irgendwie gefallen, sonst würdest du die Haare anders tragen), zeig dich auf deinem Foto. (Im Übrigen, das Herüberkämmen von langgewachsenen Haaren quer über die Glatze ist auch keine Option – nur mal so am Rande.)

Ich hatte zunächst Kontakt über eine Dating-Plattform, später über WhatsApp mit einem Mann, mit dem ich sofort auf einer Wellenlänge schwamm. Es hat so Spaß gemacht zu texten. Auf den Bildern (ja, er hatte mehrere Bilder von sich drin) präsentierte er sich ausschließlich mit Hut oder Mütze, was ihm sehr gut stand, oder mit einem Profilbild, das ab der Stirn abgeschnitten war. In meiner naiven Art und als damaliger Neuling im Online-Dating kam mir das nicht komisch vor. Ich zeigte die Bilder meiner Freundin Tanja und schwärmte von ihm vor und sie sagte nur ganz trocken: „Der hat keine Haare und die Glatze steht ihm nicht. Da er das weiß, trägt er Hut."

Also bat ich den Herren mit Mütze und Hut um ein Bild ‚oben ohne'. Und natürlich kam es so, wie Tanja behauptet hatte. Er gab selbst zu, dass das sein wunder Punkt sei. Und das glaube ich auch. Ich kann das gut nachvollziehen. Ich stell mir das schlimm vor, wenn man irgendwann aufwacht und feststellt, dass aus der einstigen Haarpracht nur noch ein dünner Haufen wird und die Stirn weiter nach oben wächst. Frauen kennen das Phänomen der ausgedünnten Haare im Alter ja auch und ich bete um die Gene meiner Mutter, die nicht darunter zu leiden hat. Kam es zu einem Treffen zwischen dem Mann und mir? Nein, kam es nicht. Ich bevorzuge Männer mit Haaren auf dem Kopf und Männer, die ehrlich mit den Tatsachen umgehen und nichts verheimlichen.

Was wollte ich mit diesem Geschreibe zum Ausdruck bringen? Bitte stell ein, zwei, drei…Fotos von dir in dein Profil, die dein reales Ich zeigen. Je mehr (unterschiedliche), umso besser.

Folgende Phänomene fallen mir beim Betrachten der unterschiedlichen Profile immer wieder auf:

- **Gar kein Foto**

Was soll das denn? Um dich anzuschreiben, musst du mich schon mit irgendwas anfüttern. Ich klicke nicht auf leeren Profilen herum und denke mir: „Das einundfünfzigste ohne Bild schreibe ich jetzt mal an." Und auch wie eingangs schon erwähnt, ich bestelle doch online nicht auf gut Glück irgendein Produkt, zu dem kein Foto abgebildet wurde. Was denke ich mir also bei Profilen ohne Bild? Im Grunde zwei Möglichkeiten: Was hast du optisch zu verbergen? Oder aber vor wem hast du Angst, wenn heraus kommt, dass du online bei einem Dating-Portal angemeldet bist?

- Mehrere Bilder, aber **immer das gleiche**

Ich bin durchaus in der Lage dich auf dem ersten Bild wahrzunehmen. Kannst du meine Enttäuschung nachvollziehen, wenn ich denke, du hast 3 Bilder von dir hochgeladen und ich klicke voller Neugierde weiter zum nächsten, um dann festzustellen, dass das 2. Bild gleich dem ersten ist und das 3. Bild gleich dem zweiten? Das ist doch schade. Bitte stell doch unterschiedliche Bilder von dir rein. Am besten eines von deinem Gesicht, frontal aufgenommen. Eines, auf dem man deinen ganzen Körper sieht (nein, ich meine nicht nackt oder oben ohne) und gerne noch eines, das dich bei irgendeiner Aktion zeigt, die du gern machst, einem Hobby zum Beispiel.

- **Unscharfe oder unkenntliche Bilder**

Auch hier denke ich mir wieder: was hast du nur zu verbergen? Fotos auf 30m Entfernung und gegen die Sonne fotografiert, zeigen nichts von dir. Klar, kann ich denken: „Welch schöner Sonnenuntergang, vor dem ein schwarzer Schatten steht." Aber mehr erkenne ich nicht. Das ist genauso, als würdest du gar kein Foto reinstellen.

Ich wurde mal von einem Mann angeschrieben, dessen Profil an sich sehr vielversprechend klang. Da wir über Parship Kontakt aufnahmen, konnte ich seine Bilder zunächst nicht sehen, denn diese müssen erst füreinander freigeschaltet werden. Als er dies tat, musste ich feststellen, dass ich noch immer nichts sehen konnte. Alle Bilder zeigten ihn in Aktion auf einem Surfbrett. Ich konnte mir also zusammenreimen, dass er wohl sportlich sei. Aber die Bilder waren alle von weit weg aufgenommen worden und das Brett oder das Wasser selbst verdeckten ihn auf allen Bildern. Ich wünsche mir schon etwas mehr von dir zu sehen als nur einen Umriss.

- **Oben ohne Bilder**

Das ist scheinbar ein Trend unter den Männern – von Frauen kann ich das nicht sagen, da ich nie nach Frauen geguckt habe. Es ist erstaunlich, wie viele Männer sich vor dem Spiegel oben ohne fotografieren. Und mal ehrlich, ich guck da schon gerne hin, wenn es ein schöner Oberkörper ist. Leider haben Männer scheinbar oftmals eine falsche Sicht von ihrer eigenen Attraktivität. Was sich da manchmal oben ohne präsentiert...hust...ähm...nicht sexy. Gar nicht sexy. Aber gut, dann weiß ich auch gleich Bescheid, was mich erwartet, sollte es je dazu kommen, dass ich dich mal ohne T-Shirt zu Gesicht bekommen sollte.

Generell frag ich mich, was ihr damit bezweckt. Also, auf seitensprung.de kann ich das gut verstehen. Auch bei Tinder. Auch wenn sich bei dieser App alles tummelt, hat sie ja doch eher den One Night Stand-Ruf. Aber wer – angeblich – nach einer Beziehung sucht, braucht sich doch nicht gleich oben ohne präsentieren. Ich kann auch bei angezogenem Oberkörper erkennen, ob du eher trainiert bist oder deine Frühlingsrolle hegst und pflegst (es sei denn, du trägst einen Skianzug. Da erahne ich dann auch nicht mehr viel).

Eine meiner langjährigsten Freundinnen, Jessi, sagt immer: „Mit dem Fakt, dass du dich mit freiem Oberkörper auf den Bildern zeigst, bist du für mich schon raus. Egal, wie attraktiv du bist. Ich guck mir das gerne an, aber als Partner und selbst als Affäre bist du einfach raus. Für mich kommst du dann selbstverliebt und egoistisch rüber. Mit dir möchte ich in keiner Partnerschaft sein und auch keinen Sex haben. Ich unterstelle diesen Männern, dass sie ausschließlich auf ihre Kosten kommen wollen und ich dann das Nachsehen habe." Weißt du Bescheid.

Also bitte, liebe Männer, solltet ihr nach aufrichtigen Partnerschaften suchen, dann bitte im Profil nicht oben ohne – schon gar nicht, wenn du es dir nicht erlauben kannst, dich so abzubilden.

Wenn du einen One Night Stand oder Affären suchst, dann bitte gerne. Ich guck beim Konditor auch nach dem Tortenstück, das am besten aussieht und entscheide mich dafür. Am besten, wenn die Torte schon angeschnitten ist und ich auch sehen kann, wie sie von innen aussieht. Aber ihr seht wie es läuft: Jessi ist selbst nur bei einer Affäre raus bei solchen Bildern. Ich suche nach einer festen Partnerschaft und dafür hast du dich mit oben ohne Bildern schnell disqualifiziert.

- **„Männer können keine Selfies"**,...

...sagte einmal eine Kollegin von mir. Und wisst ihr was, sie hat Recht. Ich sehe das bei Facebook und eben auch auf Dating-Plattformen. Während Mädels den Dreh scheinbar gut raus haben, wie sie sich auf einem Selfie gut in Szene setzen können, scheinen sich Männer darüber keine Gedanken zu machen und knipsen einfach drauf los. Nicht immer mit dem besten Ergebnis.

Christoph, einer meiner besten (schwulen) Freunde, sagt immer: "Kopf hoch. Höher. Wir wollen doch kein Doppelkinn auf dem Bild." Und: „Guck nicht auf das Display. Guck in die Kamera." Oh ja. Sehr gute Tipps, die sich leider zu den Heterosexuellen nicht immer rumgesprochen haben. Das Ergebnis sind dann eher kontraproduktive Bilder, die dich nicht immer im besten Licht erstrahlen lassen.

Was ich bei diesen losgeknipsten Selfies immer wieder erfrischend geil finde, ist, wie mein Sherlock Holmes-Gen aktiviert wird. Ich hoffe sehr, dass die Damenwelt mich jetzt nicht hasst, wenn ich dieses Geheimnis verrate: Männer scheinen (für uns Frauen zum Glück) nicht auf ihre Umgebung zu achten, wenn sie ihre Selfies schießen und wir Ladies zoomen ran und gucken uns den Hintergrund deiner Bilder auch mit an. Das heißt, Selfie im Auto – wir kriegen raus, welche Art von Auto das ist (hoffentlich kein kleineres als wir selbst fahren). Selfie im Wohnzimmer – wie ist er eingerichtet? Selfie im Bad – oje, da hatte ich kürzlich auch eine tolle Erfahrung. Er schickte mir etliche (oben ohne) Selfies von sich in seinem Badezimmer. Was er nicht bedachte beim Fotografieren durch den

Spiegel (und bitte macht das nicht. Selfie heißt nicht durch den Spiegel zu fotografieren. Das wird doch nichts, außer dass ich deine Smartphone-Marke erkennen kann) war, auf seine Umgebung zu achten und vielleicht verdächtige Gegenstände, die sich im Spiegel wiederspiegeln, wegzuräumen. Da thronten neben einem pinkfarbenen Lipgloss weitere Damenkosmetika und zwei Damendüfte. Gehört sicherlich seiner Schwester, damit sie ihre Produkte vor Ort hat, wenn sie ihn mal besuchen kommt. Wem denn sonst?

- **Schau mir nicht in die Augen, Kleiner**

Zum Glück verbieten etliche Dating-Plattformen das Tragen einer Sonnenbrille auf den Profilfotos. Ich möchte doch gern dein ganzes Gesicht sehen – insbesondere deine Augen. Wenn du mehrere Fotos von dir hochgeladen hast, kann da gern eins mit Sonnenbrille dabei sein, aber, bitte, biete mir nicht ausschließlich **Sonnenbrillenbilder** an. Warum? Zum einen möchte ich wirklich in deine Augen sehen können. Sind sie groß, klein und fokussiert, mandelförmig, engstehend… Es gibt so viele Augenformen. Ich möchte deine gern sehen. Zum anderen habe ich auch schon die bittere Erfahrung gemacht, dass es Sonnenbrillen gibt, die dich optisch extrem aufwerten und wenn sie dann abgenommen werden…naja, eine große Sonnenbrille hat den Vorteil viel von einem Gesicht zu verdecken…

Ich traf mal einen Mann über Tinder, der nur ein Bild mit Sonnenbrille anbot. Auf dem Bild sah er sehr cool aus, sehr lässig. Die Art wie er den Mund zusammenzog, wirkte cool. Beim Treffen erschien er mit ebendieser Sonnenbrille und ich war begeistert. Irgendwann im Laufe des Gespräches setzte er diese ab und…wurde zu einem ganz anderen Menschen. Die ganze Coolness war weg. Ich mochte ihn trotzdem. Das war jetzt kein Grund das Date abzubrechen oder sich kein weiteres Mal zu verabreden. Aber verstörend war es im ersten Moment schon. Ich hatte mich eindeutig in die Sonnenbrille verguckt, nicht in ihn.

Von daher habe ich zwei Dinge dazu gelernt. Erstens, triff dich nicht mit jemandem, der nur ein Bild in seinem Profil hat. Zweitens, triff dich nicht mit jemandem, der sein Aussehen immer hinter einer Sonnenbrille (oder unter einem Hut) versteckt.

Und noch so am Rande, ihr Selfie-Nichtkönner, manchmal ist es auch sehr spannend, was oder wer sich in den Gläsern deiner Sonnenbrille so alles spiegelt...

- **Zähne zeigen**

Während ich diese ganze Liste tippe, worauf man bei seiner eigenen Fotoauswahl achten sollte und worauf man eben auch achten sollte, wenn man sich Profilbilder anschaut, überlege ich, ob ich extrem oberflächlich bin. Ich komme mir grad so fordernd vor. Und gleichzeitig weiß ich, dass ich die Summe meiner Dating-Erfahrungen geworden bin und mit der Zeit gelernt habe auf Dinge zu achten, die mir früher in meiner Naivität nicht aufgefallen sind. Nun weiß ich auch wie eine Frau tickt. Wenn wir uns mit einem Mann treffen, stellen wir uns insgeheim immer die Frage: „Würde ich dich küssen wollen?" Um einen Mann kussattraktiv zu finden, kommen etliche Punkte zusammen. Der Charme und die Ausstrahlung, seine Art wie er mit mir und mit anderen umgeht, sein Lächeln, der Schwung seiner Lippen und seine Zähne. Ich mag große, weiße, strahlende Zähne bei einem Mann. Wenn du ein strahlendes Lächeln hast, das mein Herz erwärmt, hast du bei mir schon die halbe Miete.

Ich unterhielt mich neulich mit einem Mann, der, ebenso wie ich, online nach einer Partnerin suchte. Er zeigte mir das Profil einer sehr hübschen Frau, mit der er sich nach einer Weile des Nachrichten hin und her Schreibens traf. Was weder ihm noch mir beim Ansehen der Bilder bewusst auffiel, war, dass sie auf allen Bildern mit geschlossenem Mund lächelte. Man geht ja auch nicht gleich vom Schlimmsten aus. Nun ja, als die Beiden sich dann live und in Farbe sahen, fiel es ihm wie Schuppen von den Augen: ihre Zahnfarbe war…bunt. Die Verteilung der Zähne in ihrem Mund war...spontan. Seine Reaktion: er ging. Es kam dann gar nicht erst zu einem Date.

Ich kann die Dame verstehen. Jeder versucht doch seine Makel zu kaschieren. Ich trage auch gerne weite Tuniken, so dass man meine Frühlingsrolle nicht so direkt sieht.

Ich hatte mal ein ähnliches Erlebnis. Ich schrieb sehr angeregt mit einem Mann. Er hatte viele Bilder von sich hochgeladen und hat mir sehr, sehr gut gefallen. Der Blick, die Variation an Bildern, seine Eckdaten im Profil und die Art und Weise des Schreibens gefielen mir sehr gut. Ich freute mich auf das erste Treffen. Und dann lächelte er das erste Mal mit offenem Mund (auf den Bildern war der Mund – mit gutem Grund - immer geschlossen). Ihr ahnt es sicher: seine Zähne waren eher vereinzelt gewachsen und er hatte große Lücken zwischen den einzelnen Zähnen. Traurig und schlimm. Ich meine, bei der Dame im ersten Beispiel lag es an mangelnder Zahnhygiene, dass sie sich mit solchen Kratern im Mund präsentierte. In meinem Beispiel hat die Natur sich einen Streich erlaubt und nicht alle Zähne wachsen lassen. Das gute Herz in mir war voller Mitleid. Mein Ästhetik-Anspruch ließ gleichzeitig die Ampeln auf Rot gehen und schrie: „Den küssen wir nicht." Wirklich schade. Was ich nicht verstehen konnte, seine Mutter war zufälligerweise Zahntechnikerin und hatte gute Beziehungen zu Zahnärzten. Da hätte man ja auch was machen können. Doch er sagte: „So hat mich die Natur geschaffen. So bleibe ich." Im Grunde ein tolle, starke und bewundernswerte Einstellung. Fragwürdig ist jedoch: Er trainierte regelmäßig im Fitnessstudio, um seinen Körper zu stählen, hatte blondgefärbte Strähnchen im Haar, ging mehrmals die Woche ins Solarium für die Supersonnenbräune und Tattoos waren da auch auf seinem doch so natürlichen Körper. Da ist es in Ordnung der Natur ins Handwerk zu pfuschen? Und bei den Zähnen nicht? Merkwürdig.

Aber egal, was ich sagen möchte: Ich glaube nicht, dass jeder, der sich mit geschlossenem Mund auf den Profilbildern präsentiert, furchtbare Zähne hat. Aber es könnte genauso gut sein. Holzauge sei wachsam.

- **Körperkunst**

Du magst Tattoos, Piercings und Tunnel durch die Ohrläppchen? Ich kann mir vorstellen, dass es Menschen gibt, denen diese Form der Körperverschönerung nicht gefällt – anderen dafür umso mehr. Gut, meiner Erfahrung nach, sind Menschen, die sich derart schmücken, so stolz auf ihre Körperkunst, dass sie dies erst recht auf den Profilbildern zeigen. Dennoch, bedenke, dass es auch erwähnenswert ist. Zeige deinen Schmuck in den Bildern auf deinem Profil (gilt jetzt nicht unbedingt für Nippel- und Intimpiercings) oder erwähne sie zumindest in der Beschreibung. So kann sich gleich zusammengesellen, was zusammen gehört.

Ich persönlich mag ein schönes **Tattoo**. Auch wenn ich selbst nicht tätowiert bin, ist ein tätowierter Mann nicht weniger attraktiv als ein untätowierter.

Ich schmunzle grad, da ich an eine bestimmte Situation denke, die sich vor Jahren zugetragen hat. Und stellt euch vor, diesem Mann traf ich nicht online, sondern im echten Leben in einem Club. Er war irgendein Freund eines Freundes, der der Nachbar eines Bekannten war und wurde von irgendjemandem aus meinem Freundeskreis mitgeschleift zum Tanzen. Ich sah ihn und war sofort hin und weg. Nach ein paar Dates übernachtete ich das erste Mal bei ihm und wachte von der Morgensonne gekitzelt eng an seinen nackten Rücken gekuschelt auf…und bekam einen Mordsschreck. Mein Herz pumpte und ich war wahrlich erschrocken. Sein Rücken war gar nicht nackt, sondern wurde komplett von einem Tattoo verziert. Das Motiv war eine Hexe mit bösem Blick und hämischem Lachen. Riesengroß. Objektiv betrachtet, war das Tattoo künstlerisch gut gestochen. Aber versteht meinen Schock, nichts Böses ahnend, beim Öffnen meiner Augen. Ich habe ihn bis dato nur von vorne und angezogen gesehen. Bei der nächsten Übernachtung war alles wieder gut, ich war ja vorbereitet auf den Anblick. Aber diesen Moment, der nun schon so viele Jahre zurück liegt, werde ich meinen Lebtag nicht vergessen.

Piercings sind ein Thema, das auch interessant sein könnte. Es gab eine Zeit, in der war es Usus, dass Männer sich in jungen Jahren zumindest ein Ohrläppchen piercen ließen und Goldkettchen trugen. Für mich ist Schmuck an Männern nichts, das ich mag. Es ist jetzt kein No Go. Ich mag es nur pur schöner. Gleichzeitig gebe ich gerne zu, dass die Nippelpiercings eines lieben Freundes schon irgendwie ein Hingucker sind. Wenn wir mal zusammen in die Therme fahren und quatschend im Whirlpool sitzen, wandert mein Blick da immer mal wieder hin. Innerlich denke ich: „Autsch. Einfach nur aua." Aber ihm steht es. Piercings generell sind, so denke ich, ähnlich wie das Glatzenthema. Dem einen steht es – dem anderen nicht. Insgesamt, es kann hilfreich sein, Piercings im Profil irgendwo zu erwähnen. Bei Finya hat man ja, wie gesagt, diese 100 Fragen, die ausgefüllt werden können. Bastle diese Info doch da irgendwo mit rein.

Tunnel – oh Gott, Männer (und auch Frauen), was denkt ihr euch denn dabei? Gut, das ist ja, wie bei allem im Leben, Geschmackssache und zum Glück sieht man die Tunnel auf den Profilbildern in der Regel recht gut. Wer sich also abgeschreckt fühlt, kann entsprechend weiter klicken. Wer selbst diese Vorliebe des Ohrschmucks teilt, findet Gleichgesinnte.

- **Tierfotos**

Neulich war Jessi bei mir, die noch recht neu auf Online-Dating-Portalen unterwegs ist. Sie erzählte, dass sie einen Bericht las, wie man sein Profil gestalten sollte, um beim anderen Geschlecht besser anzukommen. Darin stand zum Beispiel, dass Frauen es mögen, wenn Männer sich mit Tieren auf den Fotos zeigen. Knuddle deinen (oder einen Leih-) Hund oder Katze. Das soll wohl deine weiche Seite zeigen und darauf hindeuten, dass du ein warmes Herz hast. Das mögen wir Frauen.

Natürlich gibt es Ausnahmen von dieser Studie. Nämlich, mich. Ich kann mir durchaus vorstellen mir mit meinem Partner irgendwann ein gemeinsames Haustier anzuschaffen. Aber vorab ist es mir lieber, wenn du keine Haustiere hast. Ich kann gar nicht genau sagen, warum das so ist. Find mich da grad selbst komisch.

Witziger Weise ist es laut der Studie andersherum übrigens nicht der Fall. Liebe Frauen, wenn ihr das lest: laut der Studie solltet ihr euch lieber nicht mit Tieren abbilden. Das schreckt Männer aus irgendeinem Grund eher ab. Hier wird es sicher Ausnahmen ohne Ende geben. Aber ich wollte diesen Punkt gern mit euch teilen. Vielleicht nutzt es ja was.

- Fotos bei **Aktivitäten**

Ich finde, das ist immer eine gute Idee. Neben einem Bild von deinem Gesicht und einem Ganzkörperbild bin ich Fan von Action-Bildern. Zeige dich bei deinem Hobby. Sei es auf dem Fußballplatz, beim Herumtollen mit deinem Hund (wer Hunde mag, wird das lieben und dich daraufhin anschreiben. Bei mir wärst du damit raus, was im Endeffekt für uns beide Zeit erspart, wenn ich diesen Fakt schon gleich von Beginn an weiß), auf dem Spielplatz mit deinen Kindern, beim Surfen, beim Bergwandern, wenn du am Gipfel angekommen bist. Das zeigt gleich ein paar Facetten von dir und deinem Leben und lässt dich etwas ‚echter' rüber kommen als diese starren, gestellten Bilder.

Ähm, und einen Punkt nehme ich hier nochmal zurück. Ja, zeige dich bei deinem Hobby. Und schreibe auch gerne in dein Profil, dass du angelst. Aber wirklich, liebe Angler, ich kenne keine, wirklich keine, also gar keine Frau, nicht eine, die es toll findet, wenn du dich mit einem frisch gefangenen, großen, schleimigen, glitschigen Fisch präsentierst. Wenn sie dich für den Fang lobt, lügt sie, um dir eine Freude zu machen (es sei denn, sie angelt selbst, dann ist das was anderes). Auch wenn wir gerne Fisch essen, wir wollen das Original kurz vor seiner Tötung nicht sehen. Wir wollen uns auch nicht vorstellen, dass deine Hände, die eben liebevoll den glitschigen Fisch hielten, später über unsere zarte Haut fahren und wir noch einen Hauch von Fischgeruch dran erschnuppern können.

Übel, ganz übel. Die Bilder würde ich eher nicht in ein Profil reinstellen.

Gleiches gilt übrigens für Jäger und tote Rehe, Wildschweine und dergleichen. Nicht sexy. Nicht zum Anschmachten. Finden wir nicht toll. Wirklich, gar nicht toll.

- **Suchbilder**

Bei vielen Partneragenturen sind nur Einzelbilder zugelassen. Aber nicht bei allen. Insbesondere bei Tinder kann man ja frei an Bildern reinstellen, was man mag. Ich bin immer wieder genervt von Profilen, die ausschließlich aus Gruppenbildern bestehen. Ich möchte schnell erkennen können, um wen es sich bei deinem Profil handelt und nicht erst alle Bilder miteinander vergleichen müssen auf der Suche, welche der abgebildeten Personen auf jedem dieser Bilder drauf ist, um dann nach dem Ausschlussverfahren erraten zu müssen wer du bist.

Natürlich kann in deinem Bilderportfolio auch mal ein Gruppenbild mit deinen Freunden dabei sein. Aber bitte nicht ausschließlich. Denkt immer daran, heutzutage hat niemand mehr die Zeit und die Muße sich mit diesen Wimmelbildern auseinanderzusetzen. Halte dein Profil bitte übersichtlich und so leicht verständlich wie möglich.

Außerdem könntest du Gefahr laufen, dass ich dich anschreibe und nach den Kontaktdaten von einem deiner attraktiven Freunde frage, der mir viel besser gefällt als du. Diese Peinlichkeit können wir beide uns doch ganz leicht ersparen.

- Die **abgeschnittene Blondine...**

...oder Brünette...oder einfach nur Frau. Fotos, auf denen abgeschnitten das Gesicht, die Haarmähne und der Körper der Exfreundin(nen) zu erkennen sind ... ehrlich mal, was soll das denn? Es gibt doch sicherlich Fotos von euch, auf denen ihr allein abgelichtet worden seid. Oder mit einem männlichen Freund, den ihr im Foto abschneiden könnt. Aber bitte, zeigt mir nicht noch die Ex mit auf dem Bild. Ah, es ist ja nur die beste Freundin. Nun, das steht da ja nicht dabei, also klicke ich dich weiter. Ein bisschen mehr Wert auf das Bild legen, ist schon schön. Wenn du kein Foto hast, auf dem du allein drauf bist, dann frage doch bitte einen Freund, einen Arbeitskollegen, einen Fremden auf der Straße, ob er so lieb sei und ein Foto von dir machen könne.

- **Der Mann, der auf der Seite liegt**

Noch so ein Phänomen. Dieses lässt sich hauptsächlich bei lovescout24 beobachten. Die Männer (Frauen vielleicht auch) stellen auf der Seite liegende Bilder von sich ins Netz. Gut, mein Handy kann ich noch drehen, wenn ich Interesse an dir habe. Aber seid euch bewusst, ich werde nicht meinen Laptop seitlich kippen oder Yogaübungen vorm PC machen, um euer Bild betrachten zu können. In der Menge der Auswahl an Männern scrolle ich einfach weiter und übergehe dich.

Gleichzeitig frage ich mich, wie viel Aufmerksamkeit werde ich von dir bekommen, wenn du es noch nicht einmal schaffst etwas Aufmerksamkeit in das Erstellen deines Profils zu investieren? Zumal lovescout24 mit einem Klick das Drehen der Bilder ermöglicht. Habe ich (PCmäßig eher im unteren Mittelfeld unterwegs) sofort gefunden und hinbekommen. Also, bitte, etwas mehr Achten aufs Detail, dann klicken bestimmt auch mehr Frauen auf dein Profil und deine Chancen auf einen netten Kontakt steigen.

- Der eine gute **Schnappschuss** deines Lebens

Und zu guter Letzt noch ein Tipp, der mir wirklich am Herzen liegt. Kennt Ihr das? Ihr schaut euch mehrere Bilder von euch an – vielleicht eine Zusammenstellung aller Fotos aus dem letzten Urlaub oder von einer Party. Und es gibt Bilder, die sehen so aus wie ihr. Dann gibt es Bilder, auf denen seid ihr einfach nur perfekt getroffen und seht sogar besser aus als erwartet und dann gibt es noch diese furchtbaren Bilder, von denen ich nie weiß, wie die entstehen konnten…auf denen sieht man dann ganz schrecklich aus und überhaupt nicht wie man selbst (hofft man zumindest).

Von daher mein Rat an alle, die sich für das Online-Dating entscheiden: Wählt Bilder aus, die euch sehr gut wiederspiegeln. Bilder, auf denen ihr so ausseht, wie ihr seid. Vermeidet Grimassen, Fratzen und lasst die Zunge drin. Vermeidet alles, was euch verdeckt (siehe Sonnenbrille etc.). Vermeidet so halbweggedrehte Bilder, auf denen ich nur noch euren Nacken sehe und nichts von eurem Gesicht. Schaut normal und lächelnd frontal in die Kamera, so dass ich ein möglichst echtes Bild von euch bekomme.

Ich erinnere mich an meine Online-Dating-Anfänge, als ich mal wieder den Fehler beging, mich mit einem Mann zu verabreden, von dem nur ein Bild in seinem Profil war. Auf diesem Bild guckte er sehr cool in die Kamera. Der Kopf war eher im Profil zu sehen und wir verabredeten uns recht schnell nach der ersten Kontaktaufnahme. Dieses Bild war der wahrscheinlich einzige und beste Schnappschuss seines Lebens. Es war nicht gefotoshoppt oder geschönt. Es war schon er auf diesem Bild – die bestmögliche Version seiner selbst. Bei unserem Treffen konnte ich auch eine Ähnlichkeit mit dem Foto erahnen. Mehr allerdings nicht. Und auch hier denke ich wieder: versuche wirklich ein aufrichtiges Bild von dir zu zeichnen. Dann ersparst du dir (und ich mir) eine Enttäuschung beim ersten Treffen.

Was bei dem Reinstellen von Bildern in dein Profil generell sehr hilfreich ist: Wenn deine **Profilbilder aktuell** sind. Was nutzt es, wenn du vor 10 Jahren mal total schnuckelig ausgesehen hast, aber dem Zahn der Zeit Tribut zollen musstest und nun breiter, kahler, älter…aussiehst? Bitte präsentiere dich mit deinem aktuellen Ich auf deinem Profil.

Wie sieht das mit meinem eigenen Profil aus? Ich habe meist fünf bis sieben aktuelle Bilder von mir reingestellt. Die eine Hälfte sind professionelle Fotografenbilder.

Die andere Hälfte sind Schnappschüsse, auf denen ich sogar ungeschminkt zu sehen bin. Ein Bild ist immer ein Ganzkörperbild auf einem Hügel vor der Kulisse einer Großstadt. Ich schaue gerade in die Kamera, lächle mal mit geschlossenem Mund, mal zeige ich Zähne und präsentiere gut ausgeleuchtete Bilder, so dass mein Gegenüber sich rein optisch schon mal ein umfassendes Bild von mir machen kann.

Ich bin felsenfest davon überzeugt, dass es das Hauptbild in einem Profil ist, das Interesse weckt oder abschreckt. Erst wenn ein Grundinteresse da ist, klicke ich auf das Profil, sehe mir weitere Bilder an und lese mir die weiteren Daten durch, die du angegeben hast.

Viele beschreiben das als oberflächlich. Ich jedoch bin der Meinung, das ist die Realität. Und das ist ganz unabhängig davon, ob ich online date oder im echten Leben nach einem Partner Ausschau halte. Wenn du mich auf der Straße ansprechen würdest, würde ich dir auch erst einmal ins Gesicht schauen um zu erkennen, ob ich dich attraktiv und sympathisch finde. Der Vorteil ist natürlich, dass deine Mimik und Gestik dazu kommen und dich lebendig werden lassen. Dies ist online leider nicht möglich. Deshalb nochmals mein Appell: **achtet auf die Qualität eurer Bilder** und bietet mir **eine Variation möglichst unterschiedlicher Bilder** von euch an, die mir einen ersten Eindruck von euch vermitteln und meine Neugierde wecken auf mehr.

Nomen est Omen – was dein Profilname über dich verrät

Es gibt ja Menschen, die machen sich Gedanken über ihren Profilnamen. Naja, und dann gibt es die anderen Menschen.

Bei den meisten Dating-Portalen, auf denen ich mich im Zuge meiner Recherche getummelt habe, konnte man einen Profilnamen selbst vergeben. Bei anderen wurde eine Chiffre-Nummer vom System vergeben, die noch mehr Anonymität versprach.

Nun, ist ein passender Profilname wichtig? Meine Antwort darauf lautet, dass zumindest der falsche Profilname dir von vornherein schon viel kaputt machen kann. Meines Erachtens ist es besser einen ganz normalen Profilnamen zu nehmen als zu kreativ oder zu unüberlegt zu werden. Ich nenne mich zum Beispiel ganz lapidar Denise1980 (Vorsicht, wenn du 1969 geboren wurdest. Alex69 kann unter Umständen weniger gut ankommen). Ist nicht kreativ oder einfallsreich. Aber es verrät dir schon ein bisschen über mich. Nämlich, meinen Namen und mein Alter. Also schon mal ganz praktisch. Viele, die es ähnlich tun, denken sich an dieser Stelle einen Namen aus, um noch etwas anonymer zu bleiben oder schummeln auch beim Alter. Ich würde das nicht empfehlen. Nehmt euren eigenen Namen oder etwas ganz anderes.

Mich schrieb mal ein Mann an mit dem schönen Synonym „Adrian" und dann war da noch eine Zahl dahinter. Ich mochte den Namen sehr und er unterschrieb auch alle Chat-Nachrichten mit „LG, Adrian". Erst als es zum Ausmachen eines Treffens kam, nannte er mir seinen richtigen Namen. Irgendwas Normales wie Stefan oder Micha oder so. Und ich konnte das dann nach tagelangem Schreiben nur schwer im Kopf umpolen. War irgendwie doof.

Es muss ja nicht dein richtiger Name sein, wenn du lieber etwas anonymer unterwegs sein möchtest. Diese Menschen greifen dann zum Beispiel gern zu einer Eigenschaft, die sie ausmacht. Ich lese da „Vitaler", „Radler", „Berliner", „Hamburger_Jung", „Surferboy". Das sind alles Möglichkeiten, die ich persönlich ebenso gut finde wie die eigenen, echten Namen. Es verrät mir schon ein bisschen was von dir und ich kann mich vielleicht darauf beziehen, wenn ich dich anschreibe. Also, ist der „Radler" ein Radfahrer oder ein Radlertrinker? Wie hält sich der „Vitaler" denn vital und fit? Was führt den „Hamburger_Jung" nach Berlin usw.? Alles gar nicht so abwegig, um daraus einen ersten Satz für meine Nachricht an dich zu basteln.

Eine weitere Variante sind Synonyme, die über eine gewisse Kreativität verfügen und die mich gleich in die Richtung weisen, in die es dir gehen soll. Finde ich im Grunde auch gut, denn dann weiß ich schon, dass du nichts für mich bist. Du bist nichts für mich, wenn du dich folgendermaßen nennst: Liebediener, Long_Dong, SM_Johnny, Dom_Sub, MrBig69…

Und was ich so wirklich gar nicht verstehen kann, sind Profilnamen, die dich herabsetzen, mir nichts über dich verraten und einfach nur lächerlich sind. Eine Auswahl, die mir begegnet ist[7]:

- Knalltüte – was soll ich denn von dir halten, wenn du selbst offensichtlich nichts von dir hältst?

---

[7] Im Schutze der Anonymität der Online-Dater, habe ich die Namen abgewandelt, so dass man keine Rückschlüsse auf echte Personen schließen kann.

- Gismo79 – tagsüber knuddeligsüß und wenn ich dich nach Mitternacht füttere, wirst du zum Monster?[8]
- Niemand – wenn du dich selbst für einen Niemand hälst, wie soll ich denn dann dein nichtvorhandenes Ego aufpimpen?
- Racketenbohne – ähm. Erst einmal ist Rakete falsch geschrieben und damit bist du dann schon bei mir raus. Tippfehler können passieren, jedoch nicht im Profilnamen. Und überhaupt, was soll mir dein Name über dich verraten? Mmmmh...ich grübele.
- Pille – soll ich die nehmen? Bist du tablettenabhängig?
- Gelangweilter – wenn du dich selbst nicht beschäftigen kannst, soll ich das dann für dich übernehmen und deine Freizeit spannend gestalten? Nee, danke. Will keinen Langweiler.

---

[8] Gismo ist ein Charakter aus dem Film „Gremlins". Ein süßes Knuddelmonster, das tödlich wird, wenn man es nach Mitternacht gefüttert hat. Ich liebte diesen Film in meiner Jugend.

- Streifenhörnchen – du vergleichst dich mit einem Tier und wählst dafür ausgerechnet ein Streifenhörnchen? ...ähm, wieso jetzt?
- Und last but not least, bitte, lass den ganzen Carpe Diem-Quatsch weg. Das ist sowas von ausgenudelt. Das kann doch echt keiner mehr hören.

Wenn du dir selbst einen Gefallen tun möchtest, dann nimm nicht einfach irgendwas als Synonym. Wähle etwas, das, auch wenn es noch so simpel daherkommt, etwas von dir preis gibt und mich nicht anfangen lässt zu interpretieren, was mit dir nicht stimmen könnte. Meines Erachtens ist deine Trefferquote höher, wenn du dies berücksichtigst und dich nicht gleich mit einem absolut blöden Profilnamen von vornherein ins Aus schießt.

„Bist du ein Fake?"...

...ist überraschend häufig der erste Satz, mit dem ich angeschrieben werde. Wahnsinn, welche Erfahrungen schon so viele Männer gemacht haben müssen, wenn sie das gleich vermuten. Und auch ich habe schon die (so vermute ich zumindest) Erfahrung gemacht auf ein Fake-Profil gestoßen zu sein. Der Herr nannte sich irgendwas mit Globetrotter oder sowas und schrieb in sein Profil, er würde in Südamerika leben. Als er mich direkt anschrieb, lebte er in Südafrika. Nun gut, da kann ich noch davon ausgehen, dass sein Autokorrekt ansprang und, von ihm unbemerkt, das falsche Wort eingesetzt wurde. Er schrieb, er lebe im Ausland, möchte in den nächsten Jahren zusammen mit seiner Partnerin um die Welt reisen, 2-3 seiner Büros verkaufen und sich dann dort niederlassen, wo es beiden auf den Reisen am besten gefallen hätte. Damit man einen besseren Eindruck seines Lebens bekäme, schickte er den Link zu seiner Homepage weiter und dann wurde ich immer misstrauischer. Die Homepage war über Jimdo erstellt und er hatte sich für die kostenlose, werbegesteuerte Seite entschieden. Auf dieser Seite fand ich dann viele Bilder, auf denen er Möbel auspackte sowie angehängte Rechnungen all der Waren, die er dort ausgepackt hatte. Und ich frage mich: „Warum macht er das? Muss er beweisen, dass er Geld hat? Hat er gar kein Geld und arbeitet bei einem Umzugsunternehmen und tut mal so als ob? Muss er diese ganzen Rechnungen anfügen? Vielleicht ist sein Charakter so schlecht, dass er diesen mit Geld aufwiegen will?" Ich war immer verwunderter. Was ich aber im Hintergrund der Bilder erkannte, war der Tafelberg. Zumindest wusste ich nun, er sprach definitiv über Südafrika und nicht über Südamerika. Alles in allem sah die Homepage sehr nach Marke Eigenbau aus und zwar nicht so, als wäre er Webdesigner und wüsste, was er da tat. Sie war einfach lieblos und optisch nicht sehr ansprechend zusammengeschustert. Ich antwortete ihm also etwas provozierend: „Ich freue mich über dein Interesse. Was mich wundert, ist, dass du bei deinem Lebensstil solch eine unprofessionelle Homepage hast." Seine Antwort kam recht schnell: „Was weißt du denn davon als Versager? Du hast es zu nichts gebracht, also spekuliere hier nicht. Wiedersehen, es gibt Klügere und Hübschere, die sich den Millionär (der weitaus mehr drauf hat als so ein Fernseh-Bachelor) angeln. Für dich ist die Lotto-Ziehung vorbei. Kannst in deinem unterdurchschnittlichen langweiligen Leben vermodern." Wow, das nenn ich doch mal eine passende Antwort eines Ertappten.

Ich weiß von zwei Freundinnen, die dem Ganzen nicht ganz so schnell auf die Sprünge gekommen sind und die sich etwas länger mit zwei Männern schrieben und austauschten. Beide waren unglaublich gutaussehend (und wesentlich jünger als die Mädels). Beide waren jeweils Ärzte und arbeiteten in Afrika mit aidskranken Kindern. Beide hatten sich umgehend in meine Freundinnen verliebt. Beide wollten sich sofort nach ihrer Rückkehr nach Deutschland mit ihnen treffen. Beiden wurde kurz vor ihrer Rückreise der Pass, alle Papiere, der Laptop etc. gestohlen. Beide baten um das sofortige Überweisen von 900€, damit sie über die Runden und zurück nach Deutschland kommen könnten. Sie würden dann das Geld umgehend zurückzahlen. Nachtigall, also ich hör dich trapsen. Wie geht es allen anderen, die das lesen? Ich denke, es gibt viele Frauen, die dann aber, auf der verzweifelten Suche nach dem Glück und der Liebe, darauf reinfallen.

Und, zusätzlich denke ich, dass diese oder eine ähnliche Masche auch von betrügerischen Frauen angewandt wird, um von den Männern Geld zu bekommen. Also, achtet ein bisschen darauf. Wenn euch etwas komisch vorkommt, lasst die Finger davon. Jeder normale Mensch würde bei finanziellen Nöten zunächst in seiner Familie oder im Freundeskreis um Abhilfe bitten, aber niemals, wirklich niemals jemanden bitten, den man noch nie (oder erst 1-2 Mal) in seinem Leben gesehen hat.

Die Welt ist klein

Manchmal frage ich mich, in welcher Sicherheit sich der ein oder andere Online-Dater vermeintlich wiegt. Wenn du etwas zu verbergen hast, wird es früher oder später heraus kommen. Also spiel doch mit offenen Karten, denn für jedes Bedürfnis gibt es einen passenden Deckel. Gerade heutzutage. Wir leben in einer Zeit, die mit den Konventionen bricht und in der offene Partnerschaften keine Seltenheit mehr sind. Also, sag das doch einfach dazu. Ich bin mir sicher, es gibt so viele Frauen, die mit dir auf einer Wellenlänge schwimmen, ohne dass du etwas verbergen musst. Sprich es an. Sei offen und ehrlich. Du wirst eine Frau treffen, die genauso tickt wie du.

Ich erinnere mich an ein Gespräch, das ich neulich mit einer Arbeitskollegin führte. Sie erzähle von ihrer Online-Dating-Zeit. Sie schrieb sich eine Weile mit einem Mann, dessen Nachrichten ihr sehr gefielen. Nennen wir ihn Günther. Die beiden verabredeten sich zu einem Treffen, das so gut lief, dass sie gleich einen Termin für ein weiteres Treffen ausmachten. Sie war so angetan von ihm und zeigte seine Profilbilder ihrer besten Freundin, die auch grade online nach Männern stöberte. Sie schwärmte von Günther und freute sich so sehr auf das nächste Date. Doch als sie die Bilder ihrer Freundin zeigte, sagte diese: „Ach, der. Ja, den hab ich neulich auch getroffen. Bei mir hieß er aber Alex."

Eine kuriose und witzige Geschichte. Es klärte sich nie auf, weshalb Günther-Alex sich mit verschiedenen Frauen unter anderem Namen traf. Die beiden haben sofort den Kontakt zu ihm abgebrochen.

Aber, da sehen wir mal wieder. Die Welt ist klein. Und manchmal geht es doch recht schnell, bis etwas ans Licht kommt, das du zu verbergen suchst. Jeder kennt doch jemanden oder ist der Bekannte des Nachbarn des Bruders des besten Freundes des Kollegen und manchmal spielen so viele Zufälle mit rein, dass ich immer denke, das Karma-Prinzip funktioniert schon zuverlässig. What goes around comes around.

„No tourists, please"

Habe ich schon erwähnt, dass ich Tinder mag? Ich liebe dieses Wischen auf meinem Smartphone. Ich liebe die Vielfalt, die kein Ende zu nehmen scheint. Immer wieder kommen neue Männer dazu und ich kann wischen, wischen und wischen. Meistens allerdings nach links[9]. Aber was solls? Es macht einfach tierischen Spaß. Und was ich zusätzlich mag, ist, dass sich auf dieser App alles tummelt – egal, wonach man sucht. Man ist ein paar Tage in einer Stadt und sucht nach Leuten, mit denen man abends ausgehen kann oder die einem die Stadt zeigen? Oder man ist ein paar Tage in einer Stadt und sucht einen One Night Stand, da man die Partnerin mal nicht dabei hat? Oder man ist neu in eine Stadt gezogen und sucht Anschluss, neue Freunde oder gar eine neue Liebe? Gleiches auch, wenn man schon in der Stadt lebt. Vom fröhlichen Flirten über Freundschaften, gemeinsames Tanzen gehen bis hin

---

[9] Nach links zu wischen, bedeutet bei Tinder, dass man kein Interesse an der dargestellten Person hat. Nach rechts wischen, bedeutet, dass man Interesse hat, diese Person kennenzulernen.

zu Affären und fester Partnerschaft kann man hier alles aufgabeln. Etliche zeigen auch Bilder von Lack und Leder und suchen nach Frauen, die sie anketten und auspeitschen können. Hach, so vielfältig und bunt ist Tinder. Ich finde es wirklich toll, dass hier jeder das finden kann, wonach er sucht.

Gleichzeitig würde ich mir zwei Dinge wünschen (na, eigentlich sind es drei). Nämlich, auch hier, bitte schreib rein, wie groß du bist (auch hier: Körpergröße, nicht Penisgröße). Schreib rein, wonach du suchst (willst du mich am Halsband durch die Stadt führen oder selbst geführt werden, finden wir nicht zusammen) und bitte, bitte, schreib rein, woher du kommst.

Ich lebe in Berlin und natürlich ist mir bewusst, dass wir viele Touristen in der Stadt haben. Viele Businessreisende und Stadtbesichtiger. Und ich bin immer wieder traurig, wenn ich mit einem tollen Mann in den Austausch komme und er dann irgendwann sagt, dass er ja nur kurz in der Stadt sei und morgen wieder abreist. Das ist so schade. Denn ein bisschen verlieb ich mich ja schon in dich, wenn wir nur miteinander texten. Ich schau mir dein

Bild an, freue mich über deine Nachrichten und stelle mir vor, wie süß du mich anlächeln wirst, wenn wir uns im Café treffen. Und dann sagst du mir, du kommst von Sonstdawo. Das ist so schade und führt ja nicht wirklich zu was. Fernbeziehungen funktionieren doch höchstens bei beziehungsgestörten Menschen, die sich freuen, möglichst viele Kilometer zwischen sich zu haben.

Gut, ich muss wohl dazu sagen, dass ich unter der Woche beruflich viel unterwegs bin. Im Grunde bin ich jede Woche an etlichen Tagen auf Achse und genieße es, einfach am Wochenende zu Hause, sprich in der eigenen Stadt, zu sein. Da möchte ich nicht auch noch aus dem Koffer leben müssen, weil ich eine Fernbeziehung führe. Das ist jetzt also mein eigenes Dilemma, das andere Frauen vielleicht gar nicht haben. Aber dennoch, ich bitte dich, schreib doch rein, woher du kommst. Auch das kann das Dating-Leben einfacher werden lassen, weil beide gleich von vornherein wissen, woran sie sind und gegebenenfalls einmal weniger nach rechts wischen und einmal weniger auf den Boden der Tatsachen zurückgeholt werden.

Berlin Berlin – ist eben anders

Und dann ist da dieser Punkt, der mich immer wieder verwundert. Sind die Menschen in Berlin gestörter als in anderen Städten? Liegt es an der Luft? An der schmutzigen Spree? Am Flughafen, der nicht fertig wird? Was ist denn der Grund, dass es mir so vorkommt, als seien Männer aus anderen Großstädten charismatischer, sympathischer, empathischer und generell mehr Gentleman (und definitiv weniger beziehungsunfähig) als die in Berlin? Und das, obwohl ja kaum einer in Berlin ein waschechter ist. Die meisten sind doch irgendwann mal hergezogen. Wurdet ihr alle von der Atmosphäre der Stadt geschluckt und wurdet gestört wieder ausgespuckt? Oder hätte ich den Eindruck auch von Münchenern, wenn ich in München und von Hamburgern, wenn ich in Hamburg leben würde?

Es ist mir ein Phänomen, wie viele Superlikes[10] ich bei Tinder bekomme, wenn ich zum Beispiel in Wien, in

---

[10] Superlike – bei der App Tinder kann man nach links wischen als Absage oder nach rechts als Zusage an den anderen. Aber

Hamburg oder in Frankfurt bin. Das sind etliche am Tag. In Berlin ist es mal so einer...im Monat. Heißt das, je weiter weg von Berlin ich komme, desto eher legen sich die Männer fest, wem sie ihr Superlike des Tages schenken? Oder heißt es, je weiter südlich ich komme, desto eher sind die Männer bereit bei der Partnersuche Geld zu investieren und werden zahlendes Mitglied, um über mehr Superlikes zu verfügen?

Ein weiteres Phänomen ist es, dass, je weiter südlich ich komme, die Leute wirklich schreiben, wenn wir beide nach rechts gewischt und ein Match bekommen haben. In Berlin wird viel gematcht, ohne dass dann etwas passiert. Und selbst wenn ich mir ein Herz fasse und zuerst schreibe, bekomme ich selten eine Antwort.

Mir fällt auch auf, wie viele Fetischauslebende in Berlin unterwegs sind. In keiner anderen Stadt entdecke

---

erst wenn beide nach rechts gewischt haben, werden auch beide darüber informiert und können sich schreiben. Zusätzlich hat man die Möglichkeit nach oben zu wischen und einen Superlike zu vergeben. Dann bekommt der andere sofort die Info, dass er einem gefällt. Superlikes sind tolle Egobooster, wenn man sie bekommt.

ich so viele Dominante, die auf der Suche nach einer Frau sind, der sie den Hintern versohlen oder sie mit heißem Wachs übergießen wollen. Auch interessant.

Berlin, Berlin – du bist immer wieder ein Wunder und bist und bleibst bunt.

Die Altersspalte – willst du deinen ersten Sex mit mir ... oder den letzten?

Und noch einmal habe ich das Gefühl, dass beim (Online) Daten verkehrte Welt gespielt wird. Ich setze das Online bewusst in Klammern, da ich mir nicht sicher bin, ob das nur ein Phänomen ist, das online existiert, oder ob es generell gilt.

Wie schon erwähnt, habe ich mich in der Altersspalte mit meinen 36 Jahren dafür entschieden zwischen 30 und 42 Jahren nach einem Partner zu schauen. Plusminus 6 Jahre klingen für mich gut, sind aber auch das Ende der Fahnenstange. Eigentlich wäre mir 35 – 39 am liebsten. Aber ich möchte ja auch nicht Gefahr laufen einen tollen Mann zu verpassen, nur weil er knapp aus der Vorgabe draußen ist. Also habe ich mal großzügig die Alterssuchspalte erweitert.

Das Phänomen, das nun auftaucht, ist Folgendes: Ich werde häufig angeschrieben von Männern, die entweder wesentlich jünger oder wesentlich älter sind als meine

Vorgabe. Und ich frage mich auch hier: „Könnt ihr nicht lesen, was in meinem Profil steht oder wollt ihr es überlesen?" Wenn mich ein 23jähriger anschreibt, frage ich mich: „Will der mein Toy Boy werden?" oder „Will er sein 1. Mal mit mir erleben, weil ich ihm erfahrener erscheine und er von mir noch was lernen kann?" Und dann gibt es eben den anderen Fall. Die Männer sind ab Mitte 50 aufwärts, gern auch mal bis Ende 60 und schreiben mit einer Obszönität, dass ich mir denke: „Welche Wunschträume hegst du denn? Soll ich dein letztes Mal mit dir machen, bevor du endgültig keinen mehr hochbekommst?" Einen Sugardaddy brauch ich nun wirklich nicht. Da sollten die Herren eher nach wesentlich jüngeren Mädels gucken, mit denen sie sich schmücken können.

Noch entsetzlicher ist der Fall, dass meine liebe Freundin Magdalena mit Mitte 50 auch online unterwegs ist und sich auf mehr oder weniger den gleichen Plattformen rumtreibt wie ich. Und das Absurde ist, dass die Männer, die sich vom Alter her eher für mich interessieren sollten, bei ihr anklopfen und die, die ihr altersmäßig lieber wären, mich antexten. Wir sind fasziniert und erschüttert zugleich. Sie schnappt mir die tollen Kerle weg und ich kann ihr die ihren wegschnappen (mit dem Unterschied, dass ihr Ego dabei gepimpt wird und meins am Boden liegt). Welch Drama!

Mal ehrlich. Wirklich. Das ist ein Drama! Und ich versteh es nicht. Im Grunde müssten Magdalena und ich unsere Handys einmal tauschen, und ich treffe ihre Sahneschnitten und sie bekommt meine und wir wären beide glücklich.

Aber kann mir das bitte mal jemand erklären? Ich möchte wirklich, wirklich nicht von einem 68jährigen mit Hängebäckchen und kahlem Kopf angeschrieben werden mit den Worten: „Mit dir Zuckerschnute wüsste ich auch was anzufangen." Bäh, wirklich nicht. Der wäre dann älter als mein Vater. Boa, geht echt gar nicht. Und dann beleidigt sein, wie ein kleines Mädchen, wenn ich auf die Nachricht nicht antworte oder eine Absage erteile.

Bitte, nochmal mein Appell an alle, die das lesen: haltet euch doch an die Vorstellungen, die im Profil des anderen stehen. Wir haben doch alle keine Zeit zu verschenken (und die alten Lustmolche doch schon gar nicht), indem wir wild irgendwelche Menschen anschreiben, die uns eh nicht antworten werden. Das ist doch fürs Ego nun auch gar nicht gut, oder?

Frauen schreiben nicht an – Männer aber auch nicht

Ich traf mich kürzlich mit meiner Freundin Maike in Hamburg und sie erzählte, dass sie derzeit auch online angemeldet ist, um nach dem Mann ihrer Träume zu suchen – oder sich finden zu lassen.

Die Gemeinsamkeiten, die wir beim Austausch unserer Erlebnisse entdeckt haben, waren enorm (also, vielleicht liegt es doch nicht nur an Berlin. Hamburg scheint auch nicht besser zu sein. Oder es sind einfach enorm viele Berliner nach Hamburg oder Hamburger nach Berlin gezogen). Sie wusste zu berichten, dass bei ihren Dates immer wieder das Thema aufkommt, dass Frauen zwar viel und gerne auf den Profilen der Männer stöbern, aber (fast) nie anschreiben würden. Und da guckten wir uns beide an und sagten: „Machen die Männer doch genauso." Es stöbern ganz viele, auch mehrmals, auf unseren Profilen und schreiben dann nichts.

Also, haben wir überlegt, wie wir es persönlich handhaben bei unserer Suche und mussten Folgendes feststellen: zunächst einmal glauben wir nicht, dass es einen großen Unterschied gibt im Verhalten von Frauen und Männern. Wir stöbern alle. Wir scrollen durch die vielen Profile und wenn uns ein Bild anspricht, dann klicken wir drauf und schauen, ob es noch mehr Bilder zu entdecken gibt und was derjenige im Profil angibt.

Mir passiert es übrigens auch, dass ich ein Profil mehrmals anklicke. Wenn mir ein Bild gut gefällt, klicke ich drauf und manchmal auch nur, weil ich neugierig bin, warum ich den Mann bei meinem vorherigen Stöbern schon aussortiert hatte. Dass ich ihn aussortiert hatte, habe ich mir meist sogar gemerkt. Das warum dahinter aber eher nicht. Und dann schau ich nochmal, um sicher zu gehen, dass er wirklich nichts für mich ist.

Und schreiben wir Frauen wirklich nicht an? Zumindest Maike und ich sind zu diesem Schluss gekommen: Doch, wir schreiben an. Allerdings nur, wenn wir von dem Mann wirklich geflashed sind. Dann schreiben wir. Wenn wir dich „nett" finden, schreiben wir nicht. Und wenn du uns nicht gefällst, schreiben wir auch nicht. Da uns die meisten eher nicht gefallen, schreiben wir selten. Und ich möchte behaupten, dass viele Männer ähnlich vorgehen und wir deshalb denken, dass ja nie, nie, nie einer anschreibt. Das stimmt natürlich auch nicht. Die erheblich Jüngeren und Älteren und die, die so gar nicht ins Suchbild passen, die schreiben ja schon fleißig.

Wir haben schon überlegt, ob wir unsere Profildaten ändern sollten. Wenn wir angeben würden, wonach wir so gar nicht suchen, vielleicht wären wir dann erfolgreicher und würden eher von einem Mann entdeckt werden, den wir uns vorstellen?

Wenn ich zum Beispiel reinschreiben würde: „Suche verheirateten, kleinwüchsigen, kahlen und bettelarmen Senioren für kurze Affäre", ob mich dann ein großgewachsener Mann mit schönem vollen Haar in meinem Alter, einem gutbezahlten Job, der eine dauerhafte Partnerschaft mit mir eingehen möchte, anschreiben würde? Das Experiment könnte ich ja glatt mal wagen. Als ich bei Jobbezeichnung mal *Flugbegleiterin* drin stehen hatte, wurde ich sehr viel mehr angeschrieben, als mit der Bezeichnung Trainer / Coach – woran das wohl liegt?

Also, nochmal das Fazit dieses Kapitels, bei dem ich grad ein bisschen vom Thema abkam: sei dir bewusst, lieber Mann, wenn wir dich toll finden, so wirklich toll finden, dann schreiben wir dich an, verteilen Herzchen und Likes und freuen uns sehr, wenn du uns antwortest. Wenn wir dich nicht anschreiben, gefällst du uns nicht. Wie im echten Leben: auch im Club tanzen oder sprechen wir dich an, lächeln wieder und wieder, suchen deine Nähe, wenn du uns gefällst (oder schicken eine Freundin vor, wenn wir schüchtern sind). Wenn wir nichts machen, dann wollen wir dich auch nicht.

„Hallo, wie geht's?" oder Der 1. Satz

„Hi. Kennst du Jojotanzen mit einer Abdeckplane?", war der erste Satz eines Mannes (ohne Bild, Hauptschüler und wesentlich kleiner als ich), der mich vor einer Weile mit genau diesem Satz schon einmal anschrieb. Nun ja, was soll ich sagen? Zumindest gewinnt er die grüne Himbeere für Kreativität. Und wenn ich ein Mensch mit Humor wäre, würde mich der Satz vielleicht neugierig machen. Aber wisst ihr was? Inzwischen bin ich müde geworden von all dem Kram, der mal mehr und mal weniger Sinn macht, mit dem ich angeschrieben werde. Kannst du mich nicht einfach (okay, scheint ja so einfach nicht zu sein) mit etwas Persönlichem anschreiben? Manche fragen, wie sie sich meine Coaching-Arbeit vorstellen können. Na, das ist doch was. Dann kann ich was von mir erzählen und du erfährst gleich ein paar Details davon, wie ich meinen Tag verbringe. Doch was soll ich auf diesen Jojokram antworten? Ich könnte schreiben: „Nein, kenne ich nicht." Und ich gebe zu, ich bin oberflächlich genug um dir irgendwas zu antworten, wenn du ein schickes Foto im Profil gehabt hättest. Aber so, wofür soll das überhaupt stehen? Jojotanzen mit Abdeckplane? Sex unter der Decke im Dunkeln? Ich habe keine Ahnung und es interessiert mich auch zu wenig um nachzufragen.

Gerade heute, während ich diese Zeilen tippe, schreibt jemand diesen ersten Satz: „So, du alberne Konsultant-Tante. Wann passt es dir mitm Treffen?" Ähm, ohne Worte. Was soll ich dazu sagen... Klar, beleidige mich doch gleich im ersten Anschreiben. Da steigen doch deine Chancen ungemein, dass ich mich gerne mit dir treffen möchte.

Manchmal erlebe ich mich auch von einer ganz anderen Seite. Ist wohl auch alles ein bisschen Tagesform abhängig. Als ich vor Jahren schon mal angemeldet war (ich glaube, es war bei neu.de), schrieb mir ein Mann ohne Bild im Profil und ohne die Eckdaten, auf die ich damals schon Wert legte. Er schrieb genau ein Wort: „Sex?" Ich ignorierte seine Nachricht und löschte diese sofort. Kurze Zeit später schrieb er: „Ich bin Arzt. Sex?" Und ich reagierte mit: „Schick mir mal ein Foto. Emailadresse@blabla.de."

Würde ich heute immer noch so reagieren: wer weiß? Ist ja auch heute noch alles Tagesform abhängig. Gleichzeitig, ihr habt es bisher sicherlich mitbekommen, ich bin schon sehr viel wählerischer geworden. Oder abgestumpfter. Oder gelangweilter. Oder desillusionierter. Oder was auch immer.

Nichtsdestotrotz ist sicherlich der meistgenutzte erste Satz: „Hallo, wie geht's?". Manchmal steht da auch nur „Hi" oder „☺". Nunja, du musst ja nicht so kreativ sein wie der Jojotänzer. Aber bitte, überlege dir mal Folgendes: gerade wenn jemand neu angemeldet ist auf einer Dating-Plattform bekommt derjenige extrem viele Zuschriften. Ich hatte im Schnitt 30 Zuschriften am Tag. Wenn die alle mit „Hallo, wie geht's?" anfangen, finde ich das sehr schnell sehr langweilig. Und mal ehrlich, welche Antwort erwartest du denn? Soll ich dir schreiben: „Ja, gut geht's mir. Und dir?" Wie langweilig ist das denn? Soll ich dir schreiben, wie es mir wirklich geht, auch falls ich heute mal mit dem falschen Fuß aufgestanden bin? In etwa so: „Hallo, wie geht's?" „Oh, hallo. Wie lieb, dass du fragst. Mir geht es grad gar nicht gut. Ich hab gestern wohl was

Falsches gegessen und hatte die ganze Nacht über ganz üble Bauchkrämpfe und mein Wellensittich ist gestern grad gestorben. Ich glaub, ich mache mir erst mal einen Kamillentee. Allerdings bin ich herzzerreißend am Weinen, weil ich meinen Wellensittich so mochte und so an dem Piepmatz gehangen habe. Nun muss ich ihn beerdigen. Er war wie ein Familienmitglied für mich. Und wie geht es dir?" Tja, kann man machen...

Genauso frage ich mich, wie eine Konversation weiter gehen soll, wenn du nur „Hi" schreibst. Schreib ich dann „Hi" zurück? Am besten gefolgt von einem „Wie geht's?"

Und was antworte ich auf ein „☺"? Schick ich dann auch einen Smiley? Gefolgt von einem „Wie geht's?"

Mal ehrlich. Wenn du mich wirklich kennenlernen willst, dann schreib mir doch was. Schreib sowas wie: „Hallo, mir ist an deinem Profil aufgefallen, dass du gern in die USA reist. Wohin denn da am liebsten?" oder „Hallo, mir ist aufgefallen, dass du gerne und viel reist. Wohin geht denn deine nächste Reise / wohin ging denn deine letzte Reise / welche Reise hat dir bisher am besten gefallen und was hat dich da so beeindruckt?" Nimm doch Bezug aus irgendwas, das in meinem Profil steht. So entsteht doch erst eine Art Konversation. Und wenn du mich etwas Persönliches fragst, ist meine gute Erziehung auch eher gewillt anzuspringen und die Chancen, dass ich dir antworte, sind gleich wesentlich höher. Nutze doch diese Chance. Zumindest wenn du willst, dass ich dir antworte. Vielleicht entdecken wir sogar Gemeinsamkeiten. Und wenn ich dich erst einmal sympathisch finde, kann ich manchmal sogar mit Dingen leben, die mir an deinem Profil sonst nicht sonderlich gefallen hätten.

Themen, über die man schreiben kann:

- Der beste Tipp ist in der Tat: nimm Bezug auf etwas, das im Profil steht.
- Nimm Bezug auf die Bilder oder ein besonderes Bild. Natürlich freue ich mich, wenn du mir ein Kompliment zu meinen Bildern machst, aber geh noch einen Schritt weiter. Frag mich, wo das ein oder andere Bild entstanden ist. Frag sowas wie: „An welchem Strand warst du denn da?" Oder,

wenn du eindeutig erkennst, wo das Bild entstanden ist und du da auch schon einmal warst, dann schreib das: „Ah, auf dem 3. Bild warst du auf dem Empire State Building. Wie hat dir New York gefallen?" Schreib was zu den Aktivitäten, die du auf meinen Bildern siehst. Zum Beispiel: „Ich sehe dich beim Pole Dancen / Fußball / Malen / Surfen... Wann hast du denn damit angefangen und wie oft gehst du trainieren? Welche anderen Hobbies hast du denn?"

- Urlaub ist ein Thema, das immer gut funktioniert. Entweder ich verrate (wie bei mir) in meinem Profil schon etwas über meine Urlaubsvorlieben und du kannst dich darauf beziehen oder du fragst ins Blaue hinein. Frag sowas in der Art:
  - Wie kommt es, dass du so gerne zelten gehst? Strandurlaub / Wellness-Urlaub machst / Bergsteigen gehst?
  - Welches Land hat dir bisher am besten gefallen?

- Was magst du an den USA so sehr, dass es dich immer wieder dorthin zieht?
- Wie sieht ein perfekter Urlaub für dich aus?
- Wohin möchtest du auf jeden Fall noch reisen und warum?
- Wohin ging deine letzte Reise / wohin geht die nächste?
- Fährst du lieber in die Sonne oder zum Skifahren?

Also, ihr seht, das Thema kann man sehr gut ausreizen und was ich daran mag, ist, dass man schnell auf Gemeinsamkeiten kommen kann oder eben auch so gar nicht und dass man ausloten kann, wie wichtig diese Punkte jedem von euch sind.

- Frag mich nach Haustieren (allerdings doof, wenn mein Wellensittich wirklich grad gestorben ist. Aber man kann ja nicht jedes Fettnäpfchen vorherahnen). Vielleicht hast du Tiere auf einem Profilbild gesehen. Dann frag doch die Dame einfach:

„Sind das alles deine Hunde/Katzen/Wellensittiche/Echsen/Spinnen/Schlangen? Wie heißen sie denn? Welchen hast du am längsten? Wohin gehst du gern mit ihnen spazieren (also, auf Hunde bezogen. Ist klar, oder?")?

- Manche schreiben auch gern über Sternzeichen. Frauen scheinen da einen besonderen Draht zu haben. Schreib sowas wie: „Ein typischer Widdermann schickt liebe Grüße an die Waagefrau. Verrätst du mir, was eine Waage auszeichnet?" Wenn sie dich toll findet, antwortet sie. Wenn nicht, dann denkt sie sich: „Google doch."
- Generell ist es ganz interessant zu erfahren, was der andere in seiner Freizeit macht. Angenommen das Profil verrät nicht viel über spezielle Hobbies, die die Freizeit automatisch füllen (jemand, der im Volleyball-Verein ist, wird sicherlich regelmäßig zum Training gehen und auch an den Wochenenden zu Spielen fahren – ist ja gut zu wissen, ob das der eigenen Vorstellung von der Freizeitgestaltung entspricht). Also fragt auch hier nach. „Was

machst du denn gerne nach der Arbeit oder am Wochenende?" Zum einen kann der andere wieder etwas von sich erzählen und zum anderen erfährst du gleich Details, auf die du wieder eingehen oder bei Unklarheiten nachfragen kannst.

Das No Go Thema
- Bitte schreib nie, never ever, niemals, unter gar keinen Umständen, auch nicht, wenn du gefragt wirst über deine Ex, über deine Ex-Beziehung, wie lange sie gedauert hat, darüber wie kurz du erst getrennt bist, dass du traurig über die Trennung bist und dass du ihr eigentlich noch hinterher trauerst und immer dachtest, sie wäre die Eine gewesen, mit der du ein Haus bauen, einen Baum pflanzen und Kinder haben wolltest. Sprich auch nicht davon, wie scheiße die Trennung war, wie sehr sie sich daneben benommen hat, während du alles vernünftig regeln wolltest, dass du das Sorgerecht für die Kinder gerichtlich erkämpfen

musstest. Nein, nein, nein. Klappe halten und anderes Thema wählen.

- Das heißt, es gibt zwei Gründe doch darüber zu schreiben: Entweder du gabelst eine verständnisvolle Übermutti (und die ist doch nun wirklich total unsexy) auf, die dir in deinem Elend zuhört und sich so von ihrem eigenen Elend ablenken lässt, weil es dir grad mal schlechter geht als ihr selbst. Oder aber du machst das, um eine starke Frau in die Flucht zu schlagen und schnell loszuwerden. Wenn du das beabsichtigst oder brauchst, dann mach das ruhig und schreib sowas (insgesamt hat dieses Thema auch beim ersten Telefonat und bei den ersten Dates gar nichts verloren. Es geht doch um eine gemeinsame Zukunft. Egal, ob es sich um eine gemeinsame Affärenzukunft oder Partnerschaftszukunft handelt. Da spricht man nicht sofort über die Vergangenheit).
- Das allerhöchste der Gefühle zu diesem Thema ist ein Satz – nur einer: „Ich bin soundsolange Single

und wir haben uns irgendwann in verschiedene Richtungen entwickelt."

Ist Sex ein No Go Thema?
- Kommt ganz darauf an, was du suchst. Möchtest du eine feste Partnerschaft? Dann ja. Seid ihr auf seitensprung.de unterwegs, dann haut rein und tauscht euch über eure Vorlieben aus.

Generell kann ich von mir sagen, wenn mir dein Profilbild gefällt, klick ich drauf und stöbere in deinem Profil, auch wenn du mir nur „Hallo, wie geht's?" geschrieben hast. Wenn du mir wirklich gefällst, kannst du beim ersten Satz auch unkreativ sein. Wenn du mir nicht wirklich gefällst, sondern ich dich nur „nett" finde, hast du mit diesem Satz keine Chance, das Ruder rumzureißen.

Erste Sätze, die (zumindest bei mir) nicht funktionieren:

Hier findest du ein Sammelsurium an ersten Sätzen, die ich in meiner Online-Dating-Zeit bekam und – nunja – für nicht besonders gut empfunden habe. Nutze sie, wenn du willst, dass dir die Frau, die du anschreibst, **nicht** antwortet.

- *Hallo Süße, Lust auf eine Spritztour in deinem Arsch? ;)* (schrieb ein 25jähriger)
- *Hallo, Du bist soooooo schööööööön. Warum hast du denn niemanden?* (wahrscheinlich liegt es an meinem furchtbaren Charakter)
- *Hallo, wie geht's?*
- *Hallo.*
- *Hi*
- *Na du.*
- ☺ (gähn zu den letzten 5 Sätzen)
- *Bist du ein Fake?*
- *Hey, bist du Schneewittchen. Ich bin der 7. Zwerg.* (Mmh. Ich möchte lieber Prince Charming haben und keinen Zwerg. Möchte auch keinen Mann, der mit sechs anderen in einer WG wohnt.)
- *Mein Liebster! Grüße an Sie.* (ähm, wusste gar nicht, dass ich so männlich aussehe...)

- *Beschreibe dich in 4 Worten* (bei meinem recht umfangreich ausgefüllten Profil? Was soll ich denn jetzt noch schreiben? „Ich bin eine Zicke." Da, das sind 4 Worte)
- *Obwohl du schon etwas reifer bist, schreib ich dich heute mal an.* (schrieb mir ein 22jähriger. Er schrieb in der Tat *reif. REIF*!!!! Glaubt mir, mit diesem Wort landest du nie, nie, niemals bei einer Frau, egal, wie alt sie ist und egal, wie alt du bist.)

Keine Antwort ist auch ne Antwort

So, jetzt hast du all deinen Mut zusammengenommen und hast sie angeschrieben. Wenn ihr gefällt, was du schreibst (vielmehr noch, wenn ihr gefällt, was sie sieht), wird sie antworten. Es ist in der Tat ganz unnötig eine weitere Nachricht zu schicken, wenn sie dir nicht antwortet. Wir haben deine Nachricht nicht aus Versehen gelöscht. Deine Nachricht ist uns nicht unter gegangen. Wir antworten nicht (und ich denke, genau aus demselben Grund, aus dem ihr auch nicht antwortet), weil uns irgendetwas an euch bzw. an eurem Profil nicht gefallen hat.

Was du nicht tun brauchst, wenn du keine Antwort erhältst:

- Nochmal schreiben.
- Ausfällig werden und dich über meine Kinderstube beklagen, weil ich nicht geantwortet habe.
- Auch nur nett schreiben, dass du dich über eine Antwort, auch wenn es eine Absage gewesen wäre, gefreut hättest.

Doch gehört das Schreiben einer Absage nicht zum guten Ton? Wäre es nicht anständig wenigstens eine Absage zu schreiben? Doch, klar. Mach das gerne, wenn du magst. Das wäre in der Tat die feine englische Art.

Ich jedoch habe damit aufgehört. Warum? Nun, das hat mehrere Gründe. Neben dem Grund, dass es irgendwann einfach viel Zeit in Anspruch nimmt, jedem, der mir nicht zusagt, eine Absage zu schreiben, ist auch noch Folgendes passiert (Und eine Freundin sagte immer den weisen Satz: „Der Mensch ist die Summe seiner Erfahrungen."):

Als ich noch neu dabei war beim Online-Dating habe ich meine gute Erziehung eingesetzt und habe wirklich jedem Mann, der mich anschrieb, geantwortet. Und auch, wenn ich nur eine Absage erteilte (ich schrieb dann: „Lieber XY, dein Interesse ehrt mich sehr. Gleichzeitig schaue nach etwas anderem und der Funke springt leider nicht über. Ich wünsche dir viel Spaß hier auf der Plattform. Liebe Grüße, Denise"). Interessanterweise haben viele Männer unangenehm darauf reagiert. Einige beklagten sich über meine Oberflächlichkeit. Wie könne ich denn merken, dass kein Funke überspringt, ich kenne sie doch gar nicht. Wenn ich sie erst einmal kennenlernen würde, dann würde es schon funken. Nun, was soll ich sagen? Dank etlicher solcher Antworten habe ich dann nicht mehr reagiert und schließlich irgendwann entschieden, keine Absagen mehr zu schicken. Mein, meines Erachtens, höflich formulierter Absagesatz sollte relativ neutral rüberbringen, dass ich kein Interesse am Gegenüber habe. Die Gründe dafür können vielfältig sein. Aber glaube mir, ich habe einen Grund, wenn ich dir absage. Also nimm es doch so hin und versuche mich nicht mit jämmerlichen Nachrichten vom Gegenteil zu überzeugen. Oder ist es dir lieber, wenn ich direkt schreibe, dass ich dich unattraktiv, zu dünn, zu dick, zu kahl, zu klein, zu unterstudiert etc. halte?

Andere Männer reagierten recht ausfallend und fingen an mich zu beschimpfen. „Du blöde Schlampe. Was bildest du dir denn ein. Denkst, du bist die Schönste hier?" Nunja, ich finde mich schon recht attraktiv. Aber die Schönste? Nein, bestimmt nicht. Und ich kann euch gar nicht sagen, was passieren muss, dass ich euch attraktiv finde. Das Gesamtpaket muss stimmen, dass du mein Superstar wirst. Du musst definitiv nicht aussehen wie Ken, dass ich dir antworte. Aber was versprichst du dir mit solch einer Nachricht auf meine Absage? Erhoffst du dir, dass ich meine Meinung ändere? Oder freust du dich, wenn ich mich auf dein Niveau herunter begebe und dich zurück beschimpfe? Ich glaube nicht, dass diese Strategie dazu führt, dass wir uns jemals treffen werden.

Und dann gibt es diejenigen Männer, ich nenne sie liebevoll und auch leicht genervt Immerwiederanschreibermitdemgenauidentischentext, die genau dies tun, warum auch immer. Entweder sie verlieren den Überblick in der Masse der Frauen, die sie anschreiben, dass sie immer wieder bei der gleichen landen und ihren vorgefertigten Text per copy and paste einfach überall einsetzen und überall hinschicken, in der Hoffnung, dass mal irgendeine antwortet. Oder aber sie scheinen in der Tat zu befürchten, dass ihre Nachricht bei der Dame im vollgefüllten Postkasten untergegangen sei (wieder und wieder) und schreiben sie demnach wieder und wieder im immer gleichen copy and paste Verfahren an. Kann man ja auch machen...

Da gibt es einen, nennen wir ihn Ricardo, der mir im Laufe der letzten 3 Monate viermal genau diesen Text schickte (und wer weiß, wie vielen anderen Frauen auch noch): „Hallo und guten Morgen ☺, finde dich und dein Profil sehr sympathisch wirkend und würde dich sehr gerne näher kennenlernen dürfen :-)))) L.G. Ricardo." Sehr netter Text, das gebe ich gerne zu. Leider entspricht sein Profil so gar nicht meinen Vorstellungen und deshalb antwortete ich ihm nicht. Weder beim ersten Mal, noch beim zweiten, dritten oder vierten Versuch. Muss ich ihn erst blockieren, dass er mir die Nachrichten nicht mehr schickt? Ich meine, es stört jetzt auch nicht. Aber wie oft will er es denn noch probieren, ohne dass er je eine Antwort bekommen wird?

Da war die Reaktion eines anderen Mannes ganz süß. Er schrieb mich an mit einem netten Text. Ich klickte auf sein Profil und leider sprach er mich optisch gar nicht an.

Ich antwortete also wieder mal nicht und er reagierte (warum auch immer) mit folgendem Text: „Antworte mir gerne. Sonst denke ich noch, du hättest kein Interesse." Das find ich ja schon wieder witzig und süß. Und er bekam seine Antwort: „Stell dir vor, genauso ist es." Ob ihn das jetzt glücklicher macht? Ich weiß es nicht. In der Tat, er antwortete nochmal mit folgenden Worten: „Oha, das kann ich mir nicht vorstellen..." Manch einer scheint wirklich auf Schmerzen zu stehen, oder? Warum möchtest du immer noch eins aufs Ego drauf haben? Du fängst dir gern innerhalb von Minuten gleich drei Absagen ein? Brauchst du das wirklich für dich und dein Leben?

Fakt ist, an dem Satz „keine Antwort ist auch eine Antwort" ist wirklich etwas dran. Wenn dir jemand nicht antwortet, dann hast du doch deine Antwort. Die Dame hat einfach kein Interesse an dir und wirklich, ich bin davon überzeugt, dass ihr Männer es genauso handhabt. Mir hat jedenfalls noch nie ein Mann eine Absage erteilt. Never ever.

Immer diese Mingles

Dies scheint ein Phänomen der heutigen Zeit zu sein. Ich bin mir nicht sicher, ob es zu den Zeiten, in denen meine Eltern oder Großeltern jung waren, schon Mingles gab. Vielleicht schon den ein oder anderen. Heute kommt es mir eher so vor, als würde man unter 100 Menschen (bewusst Menschen, nicht Männer) mal einen Nicht-Mingle treffen.

Zum ersten Mal begegnet bin ich diesem offiziellen Wort in dem Buch „Generation beziehungsunfähig" von Michael Nast. Endlich gab es ein Wort für das Phänomen, das mir schon eine ganze Weile auffällt und das auch immer präsenter zu sein scheint.

Offensichtlich ist es heutzutage so, dass man sich so gar nicht mehr festlegen möchte auf irgendetwas und sich so auch im Beziehungsleben lieber für einen Mingle-Status entscheidet statt für eine feste Partnerschaft. Immer frei nach dem Motto: lass uns doch erstmal gucken und es kann ja auch eventuell, unter Umständen, wenn niemand besseres kommt, ich weiterhin Lust auf dich habe, du mich nicht langweilst, du mich nicht nervst, falls der Himmel nicht auf die Erde stürzt und es freitags nicht regnen sollte, mehr aus uns werden – also vielleicht.

Zunächst einmal finde ich diesen Satz gar nicht so abwegig. Ich meine, natürlich, lass uns doch erst einmal locker gucken. Ich will dich nach dem ersten Date auch noch nicht gleich heiraten. Und vielleicht entdecken wir auch nach ein paar Monaten des Datens, dass wir doch nicht so mega glücklich miteinander sind. Dann ist das doch okay. Aber zumindest treffen wir uns mit der Absicht, dass etwas Beständiges aus uns werden könnte.

Als Mingle ist das anders. Mingles tauchen gerne zu zweit auf. Auch immer wieder mit dem gleichen Partner. Aber wenn man sie fragt: „Wo ist denn deine Freundin heute?", antwortet der Mingle: „Häh? Ich habe keine. Ach, du meinst die Bea. Ja, Bea und ich sind nur gute Freunde. Wir sind nicht zusammen." Und das obwohl wir Bea seit Jahren an seiner Seite sehen. Sie fahren zusammen in den Urlaub, verbringen romantische Wellness-Wochenenden zusammen, kuscheln, gucken im Kino *Shades of Grey*, um dann die interessanten Stellen später im Schlafzimmer nachzuspielen. Für jeden Außenstehenden sieht es so aus, als hätten die beiden eine langjährige und glückliche Partnerschaft. Und wahrscheinlich fühlt es sich für die beiden genauso an. Aber man weiß ja nie. Es könnte ja eine noch bessere Version von Bea vorbei kommen und dann gibt es ja gar keinen Herzschmerz bei Bea, denn man ist ja gar nicht fest zusammen. Vielmehr kann man Bea sogar von der neueren Version berichten, denn schließlich ist man ja nur, seit Jahren, befreundet und sich keinerlei Rechenschaft schuldig.

Vielleicht bin ich altmodisch, wenn ich diese Entwicklung komisch finde. Und vielleicht ist es genau das, was unsere Generation heute braucht. Wir begnügen uns nicht mit einer Handtasche. Es müssen gleich etliche sein. Wir benutzen nicht unser Smartphone bis nichts mehr geht, sondern fiebern daraufhin, wann der Vertrag endlich verlängert werden kann und wir ein neues bekommen. Wir schlafen nicht in 3*** Hotels, sondern wollen von Urlaub zu Urlaub ein neues Highlight, das das bisher Dagewesene immer weiter toppt. In einer Zeit, in der das Neue sofort wieder alt wird, hat man anscheinend auch die Menschen schnell über. Höher, schneller, weiter gilt wohl auch bei der Partnerwahl und anstatt sich einmal für oder auch gegen jemanden zu entscheiden, eiern wir herum und minglen uns durch unser Leben. Nun, wer's braucht, bittschön.

Manchmal frage ich mich, ob wir uns von Hollywood-Filmen und Kitschromanen verleiten lassen und deshalb zum Mingle werden. In den Filmen und Büchern wird uns eine dermaßen heile Welt vorgespielt, deren Bild wir idealisieren und uns für uns selbst wünschen. Jetzt lernen wir jemanden kennen und das Herz klopft schneller, im Bauch kribbelt es und wir sind verknallt wie Teenies. Diese Person wird sofort idealisiert und bekommt den Status *perfekt* verliehen. Doch nach ein paar Tagen, Wochen oder Monaten stellen wir fest, dass die Person auch keine Glitzerwolken pfurzt und, oh Gott, ja vielleicht sogar auch noch Probleme hat und futsch ist die wunderschöne Hollywood-Illusion. Die Person ist ja doch genauso normal wie wir selbst und wie jeder andere auf diesem Planeten. Also, lass uns doch mal ganz schnell entlieben und weiter gucken, ob es nicht doch jemanden gibt, der zaubern kann und morgens nach dem Aufwachen aussieht wie ein Hollywood-Star nach 3 Stunden in der Maske und 5 OPs vom Beauty Doc.

Oder, eine weitere Überlegung von mir: liegt es daran, dass wir uns selbst so wenig lieben, dass wir uns nicht vorstellen können, dass jemand anderes es tun könnte? Mit all unseren Schwächen und vermeintlichen Fehlern? Sind wir selbst so kritisch geworden, dass wir jeden sofort wegstoßen müssen, der unser Herz berührt, um uns vor einem möglichen Verlust desjenigen und dem Verletzt werden zu schützen? Ich denke, dieses ganze Thema wäre ein eigenes Buch wert.

Letztlich erinnere ich mich an eine Situation mit dem Mann, von dem ich weiter oben schon einmal berichtete. Der, der gegen Anfang des Jahres mein Herz sehr berührte und von dem ich dachte, wir wären Seelenpartner (und inzwischen denke ich sogar, dass wir es waren, denn ich habe viel aus diesem Zusammentreffen gelernt). Zu Beginn unserer gemeinsamen Zeit konnte er kaum genug von mir bekommen. Er textete, rief an, verließ Business-

Termine, um mir schnell einen Gruß durchs Telefon zu flöten und ich habe mich über all das so sehr gefreut. Als ich auf Geschäftsreise für ein paar Tage nach Sydney flog, verbrachten wir den letzten Abend vor meiner Abreise gemeinsam und er nahm meine Hand und sagte: „Bitte sei dir bewusst, wenn du aus Sydney zurück kommst, wartet hier jemand auf dich." Und ich schmolz dahin. Ich war so glücklich, mein Herz klopfte vor Freude und ganz aufgeregt und in meinem Bauch tanzten die Schmetterlinge Salsa. Und als ich dann in Sydney war, checkte er ständig, ob ich vielleicht bei WhatsApp online wäre, um mit mir schreiben und in Kontakt bleiben zu können. Wir telefonierten über WhatsApp und er sagte: „Es ist so komisch. Obwohl du sonst auch auf Geschäftsreise bist, vermisse ich dich grade so sehr, einfach weil du am anderen Ende der Welt bist. Ich denke so viel an dich und kann es kaum erwarten, dass du wieder zurückkommst." Na, sowas möchte ich doch hören. Und mir ging es ja genauso. Ich habe die Abende und das Wochenende in Sydney so genossen und gleichzeitig vermisste ich ihn an meiner Seite, um die Stadt gemeinsam mit ihm zu entdecken und ihm meine Lieblingsplätze zu zeigen.

Nach einer knappen Woche in Sydney trat ich die Heimreise an und als ich zurückkam, schien er sich noch sehr zu freuen. Und ab dann war es komisch. Ab dem zweiten Treffen nach meiner Rückkehr war es so, als ob ein Schalter umgelegt worden wäre und er verwandelte sich von Prince Charming in einen Eisblock. Ich verstand die Welt nicht mehr – und ich glaube, er auch nicht. Und eines Abends, nachdem er in Michael Nasts Buch stöberte und über das Mingle-Kapitel stolperte, sagte er: „Ich glaube, ich bin auch ein Mingle." Darüber reden wollte er nicht.

Nachdem ich mir den Eisblock einen knappen Monat lang angeschaut hatte und er auch nicht wieder auftaute, habe ich unsere kurze und dennoch schöne Geschichte beendet. Ein Märchen ohne Happy End. Immer diese Mingles. Und ich bezweifle, dass er nun glücklicher ist. Aber vielleicht auch ja. Es kann ja sein und ich wünsche es ihm. Und ganz vielleicht stand er wirklich nicht so sehr auf mich wie ich auf ihn (auch wenn mein Ego das natürlich jetzt nicht so wahrhaben will).

Ich persönlich habe mich noch nicht final entschieden, was ich von dieser Entwicklung halte. Manchmal finde ich es einfach nur erschreckend und beunruhigend und frage mich, ob ich die Illusion nach dem dauerhaften Partner einfach aufgeben kann. Und an anderen Tagen denke ich, dass so eine Mingle-Beziehung ja durchaus auch Vorteile hat. Also, warum nicht aufspringen auf den Mingle-Zug und an vielen Bahnhöfen halten und schauen, was die schöne und abwechslungsreiche Männerlandschaft für mich bereithalten wird?

Warum schreibe ich dieses Mingle-Kapitel? Weil ich denke, du solltest in dich hineinhören und überlegen, ob auch du ein Mingle bist und diese Info in dein Profil inkludieren. Lass solche Sätze weg wie: „Lass uns doch schauen, was aus uns wird." Das ist so überflüssig, als wenn du auf den Malediven sagst: „Da ist ja der Strand." Schaut man nicht immer, was aus zwei Menschen werden kann? Deshalb nimmt man doch Kontakt auf. Um sich abzuchecken, auszuwerten und dann festzulegen: wollen wir uns treffen? Wollen wir uns wiedersehen – einmal, zweimal, mehrmals? Wollen wir eine Affäre haben? Wollen wir eine Partnerschaft wagen? Wollen wir es nach ein paar Monaten doch wieder sein lassen? Dieser Satz ist sowas von überflüssig. Sag mir einfach, was du willst, wozu du in deiner derzeitigen Lebenssituation bereit bist und wozu nicht. Das erleichtert doch Vieles.

Texten, whatsappen oder telefonieren? (oder, oh Gott, sogar im echten Leben treffen?)

So, nun hast du mich angeschrieben (oder ich dich), ich antworte dir (oder du mir) und wie geht es nun weiter? Ich denke, da gibt es keine perfekte Faustregel. Das kann von Situation zu Situation und auch von Mensch zu Mensch anders sein. Generell habe ich das Gefühl, dass man gut und gerne ein Weilchen lang texten kann, um erst einmal in einen Austausch und Flow zu kommen und ein paar wesentliche Punkte abzuklopfen. Wenn du hier extrem viele Rechtschreib- oder Grammatikfehler machst, bist du bei mir als Philologin mit Magister-Abschluss schon mal recht schnell raus (oh Gott, ich hoffe, mein Lektorat erwischt alle meine Fehler in diesem Buch). Naja gut, auch hier zugegeben, wenn ich dich sympathisch finde, texte ich trotzdem mit dir weiter. Gleichzeitig verlierst du den sexy Reiz und ich kann dich höchstens in die Schublade „netter Typ" stecken. Den „geile Sau"-Status bekommst du genauso wenig wie den „den will ich als Partner"-Status. Aber das bin nur ich. Andere Frauen sind da möglicherweise ganz anders.

Fakt ist, man sollte nicht ewig schreiben und relativ bald zu einem anderen, persönlicherem Medium wechseln. Warum? Zum einen ist das Schreiben auf vielen Plattformen recht mühsam, so dass es sich eher anbietet Nummern auszutauschen und gegebenenfalls per WhatsApp weiter zu schreiben. Zum anderen ist ein nettes und flüssiges Schreiben zwar schon mal ein gutes Zeichen. Das heißt aber noch lange nicht, dass wir auch gut miteinander reden können. Um das schnell herauszufinden, bietet sich ein Telefonat an. Und meines Erachtens kann das relativ schnell erfolgen. Im Grunde, wenn man den ganzen Tag lang schon in einem regen Austausch war, gerne am gleichen Abend. Es muss ja nicht lange dauern. Klingel einfach mal fix durch und lass uns ein paar Minuten lang quatschen. Wenn uns beiden sympathisch ist, was wir hören, dann lass uns doch gleich einen Termin für ein persönliches Treffen ausmachen.

Natürlich kann es sein, dass man so angetan ist voneinander, dass man die Zeit vergisst und quatscht und quatscht bis morgens der erste Hahn kräht. Aber rein strategisch würde ich das eher vermeiden. Es ist viel schöner, wenn man in diesen intensiven Austausch geht, wenn man sich persönlich gegenüber sitzt und sich in die Augen sehen kann, die Mimik und Gestik sieht, wenn der andere von sich erzählt. Und auch hier: nur weil man am Telefon gut quatschen kann, heißt das noch lange nicht, dass das im echten Leben dann auch so ist.

Und letztlich ist es doch so, dass wir schnell Dinge abspeichern und in Schubladen stecken und dabei gleich einordnen in „mag ich" und „mag ich nicht". Also, will sagen, du schreibst mir tolle Nachrichten, beziehst dich beim Schreiben auf das, was ich vorher schrieb, willst viel von mir wissen etc. Dann landet diese Info in der „Mag Ich"-Schublade. Du rufst mich an – allein, dass du das tust, landet in der „Mag ich"-Schublade. Wir telefonieren ganz toll miteinander, stundenlang und genießen das so sehr – das landet in der „Mag Ich"-Schublade. Und dann treffen wir uns und haben uns nichts mehr zu sagen? Kann ja sein.

Dann muss ich diese riesengroße Schublade wieder ausräumen, die sich bisher so schön und kuschelig und vielversprechend angefühlt hat und ich bin enttäuscht. Also, dann doch lieber all die Punkt schnell abhaken und dann erst anfangen die Schublade zu füllen. Ist doch auch ganz gut, oder?

Wie komme ich darauf? Nun, ich lerne ja auch immer noch dazu. Ich lernte online einen Anwalt kennen und mir gefiel nicht nur sein Profil, sondern auch die Art und Weise wie er mir schrieb. Er war witzig. Ich freute mich immer sehr auf seine Nachrichten, da sie wirklich erheiternd waren. Wir schrieben gar nicht so viel und oft. Meist abends ein bis zwei Nachrichten, da wir tagsüber ja beide beruflich sehr eingespannt waren. Doch diese Nachrichten waren so toll, dass ich dem nächsten Abend schon wieder entgegen fieberte. Nach ein paar Tagen tauschten wir unsere Telefonnummern aus und nach einem Business-Dinner rief er mich – leicht angetrunken – an. Er war in der Tat nur ein bisschen beschwipst und so war dieses Telefonat noch witziger als die Nachrichten. Er war grade auf dem Heimweg und spazierte an einem lauen Sommerabend durch einen Park und wir quatschten und lachten miteinander. Sicherlich eine Stunde lang und ich fand es toll. Sofort verabredeten wir uns für einen der kommenden Tage zu einem Treffen in einem Café am KuDamm in Berlin. Wir waren beide zum verabredeten Zeitpunkt dort (Pünktlichkeit beim Date ist auch eine coole Sache) und ... hatten uns nichts zu sagen. Das Gespräch krampfte so vor sich hin. Es war einfach nur mühsam, überhaupt eine flüssige Unterhaltung in Gang zu bringen. Er wollte nicht so wirklich von sich erzählen, machte ein großes Geheimnis aus Allem und ich verlor dann relativ schnell die Lust ihm alles aus der Nase zu ziehen oder nur irgendwas Belangloses zu plappern, damit überhaupt jemand etwas sagte. Irgendwann fragte er, ob wir die Location noch wechseln wollen. Und, ganz ehrlich, keine Ahnung, was mich geritten hat. Ich sagte blöderweise zu. Also landeten wir (nein, nicht im Bett) in einem anderen Café und schwiegen weiter. Dort orderten wir ein paar Longdrinks und ich hatte einen kleinen Funken Hoffnung in mir aufkeimen, dass es nun doch noch zu einem Gespräch kommen könnte, da er ja beim Telefonat im angeschwipsten Zustand toll kommunizieren konnte. Aber auch hier, weit gefehlt. Wir schwiegen mehr oder weniger fröhlich vor uns hin, guckten in der Gegend rum, leerten unsere Gläser, bestellten noch einen Longdrink, schwiegen weiter, guckten weiter, leerten auch diese Gläser und zahlten (d.h. er zahlte. Vorher im Café auch schon. Na immerhin, Anstand hatte er). Und dann fragte er, ob wir nicht die Location noch wechseln wollen. Und ich, also ehrlich, keine Ahnung was da los war, stimmte zu. Also gingen wir (ich in Monster High Heels – das waren Schmerzen) in ein berühmtes Berliner Hotel und besuchten die Dachterrasse, um den Sommerabend ausklingen zu lassen. Die Location war toll. Die Musik war chillig. Die Luft war warm. Berlin lag unter uns und ich hatte das Gefühl, ich wäre irgendwo in Italien im Urlaub. Ich hatte einen Mann neben mir, der...schwieg. Da entschied ich, dass ich einfach den Moment und die Location genießen werde und genoss den Abend und die Ruhe. Irgendwann bestellten wir die Rechnung – dieses Mal zahlte ich. Er brachte mich zu meinem Auto zurück und wir verabschiedeten uns voneinander. Ich habe damit gerechnet, nie wieder von ihm zu hören. Doch was passierte? Er fragte sehr oft und immer wieder an, ob wir uns wiedersehen wollen. Und das sind dann die Momente im Leben, bei denen ich ins Zweifeln komme darüber, wie gut meine Menschenkenntnis wirklich ist. Ich hatte schon so viele Dates, die meines Erachtens super liefen und der Kerl hat sich nie wieder gemeldet. Und dann gibt es solche wie dieses hier, das einfach nur langweilig und mühsam war und offensichtlich hat es ihm gefallen. Verrückte Welt. Nunja, was soll ich sagen, ich habe mich nicht wieder mit ihm getroffen. Ich wollte mich nicht noch einen Abend lang langweilen und voller Anstrengung versuchen eine Kommunikation aufzubauen.

Also, ihr Lieben, am besten schnell treffen. Dann entdeckt ihr Dinge und Eigenarten am Gegenüber, die kein Bild, kein perfekt ausgefülltes Profil, keine Nachrichten und kein Telefonat verraten. Viel Spaß bei Euren Dates.

Nun sag schon, auf welchen Typ Mann stehst du?

Ist diese Frage schlimm? Nein, nicht wirklich. Aber, bitte versteh, dass wir Frauen darauf oft keine Antwort haben und bohre dann nicht hartnäckig nach. Ich kann es gar nicht mehr zählen, wie oft mir diese Frage gestellt wurde und so fragte ich andere Frauen: „Nun sag mal, auf welchen Typ Mann stehst du?" Und auch diese Frauen hatten, genauso wenig wie ich selbst, eine Antwort auf diese Frage und rollten dann eher genervt mit den Augen.

Offensichtlich ist es hier so, dass der Unterschied der Geschlechter sich einmal mehr meldet. Scheinbar haben Männer diesen einen Typ Frau, auf den sie besonders stehen. Bitte sei dir bewusst, dass das bei den meisten Frauen anders läuft. Wir haben diesen Typ Mann meist nicht. Es gibt sicherlich ein paar Eigenschaften oder Dinge, auf die wir besonderen Wert legen. Gleichzeitig macht das den Typ Mann noch nichts aus.

Ich hatte große Männer getroffen, kräftige Männer, athletische und muskelbepackte Männer, schmale Hänflinge, Dunkelhaarige, Blonde, einen rothaarigen Mann, ich hatte Arme und Reiche mit sämtlichen Augenfarben. Es gibt nicht diesen einen Typ Mann, auf den ich abfahre.

Wenn ich wirklich in mich gehe und genau überlege, was mir wichtig ist, dann ist das eine gewisse Ausstrahlung, eine Fröhlichkeit am Leben und schöne, weiße, gepflegte Zähne.

Wenn du mich also fragst, auf welchen Typ Mann ich stehe, bekommst du das als Antwort. Und das ist so aufrichtig, wie ich nur sein kann. Ich kann dir kein vorgefertigtes Schema präsentieren und, wie ich erfahren habe, ganz viele andere Frauen auch nicht.

Und gleichzeitig hier mein Tipp zur Güte: Wenn wir mit dir schreiben, telefonieren oder uns mit dir treffen, dann sei dir bewusst, du bist unser Typ (und du kannst es auch bleiben, wenn du dann nicht gleich verkackst). Wir würden unsere Zeit nicht in dich investieren, wenn du nicht unser Typ wärst. Das sollte dein Selbstbewusstsein doch jetzt ein bisschen aufbauen und ein gutes Gefühl bei dir hinterlassen, oder?

Über Nacht verändert sich die Matrix

Ich frage mich im Grunde schon seit Jahren, was da so in dem Männerhirn passiert. Was ich verstanden habe, ist, dass Männer es einfach gestrickt mögen. Nur nicht zu viele Themen auf einmal und immer schön in der Box bleiben, die Sicherheit verspricht. Schaut euch mal bei YouTube das Video „A Tale of Two Brains" an. Das erklärt perfekt, wie unterschiedlich unsere Gehirne funktionieren.

Nun weiß ich weiterhin, dass über Nacht unser Gehirn die Zeit des Schlafens nutzt, um die Erlebnisse des Tages zu verarbeiten und in unser Unterbewusstsein zu integrieren. Und ich denke, da liegt die Krux des Ganzen: denn über Nacht verändert sich wirklich die Matrix in unserem Gehirn – ähnlich dem Verhalten, dass man im Wohnzimmer aufsteht um etwas aus der Küche zu holen, durch den Türrahmen geht, in der Küche ankommt und dort nicht mehr weiß, weshalb man den Weg auf sich genommen hat. Kennt Ihr das?

Also, ich bin überzeugt, dass es da Zusammenhänge gibt. Oder wie erklärt sich die Tatsache, dass ich von einem Mann angetextet werde, antworte und wir dann den ganzen Tag lang hin und her schreiben – also, ganz toll hin und her schreiben. Er mir seine halbe Lebensgeschichte mitteilt, wir haben uns Fotos geschickt und dann...ja, dann kommt die Nacht und das Gehirn verarbeitet, die Matrix verändert sich und am nächsten Tag ist Funkstille angesagt. Und das wieder und wieder und immer wieder mit unterschiedlichen Männern.

Gut, jetzt kann ich mir sagen: „Vielleicht steht der einfach nicht so auf dich." Aber, es ist schon kurios, dass sich der Umstand der Kontaktintensität nicht von einem Vormittag auf den Nachmittag ändert oder von einer Stunde zur nächsten, sondern dass immer eine Nacht dazwischen liegt. Ich meine, die können doch nicht alle vom Bus überfahren worden oder am tödlichen Männerschnupfen verendet sein?

Ähnliches auch nach dem Daten. Ich meine, ich date jetzt gar nicht mal so spontan. Das hat schon alles eine Ordnung. Wir texten erst ein bisschen, dann tauschen wir Nummern aus und texten weiter über WhatsApp oder telefonieren, um dann ein Treffen zu vereinbaren. Jetzt gebe ich zu, dass meine phänomenale Menschenkenntnis mich, wenn ich selbst im Thema Liebe betroffen bin, gerne im Stich lässt und dass ich Dates als „läuft super" einstufe und der Kerl sich danach nie wieder meldet und, anders herum, Dates als „oh Gott, ich will hier raus" betitele und der Mann sich später meldet und es ganz toll fand... Aber zurück zum Thema. Das Date läuft also meines Erachtens hervorragend. Wir verabschieden uns und ich bin kaum 5 Minuten lang im Auto, da flattert schon eine Nachricht rein, dass er den Abend genauso wunderbar fand wie ich und er sich auf ein nächstes Treffen sehr freut. Er wünsche mir jetzt eine gute Nacht. Am liebsten würd ich jetzt rufen: „Nimm die Wach-Mach-Pille!!! Trink Red Bull oder viel Kaffee! Jetzt bloß nicht einschlafen!" Denn, was passiert? Die Matrix schlägt zu und der Mann hat am nächsten Tag keinerlei Erinnerung mehr an den Abend oder an die Tage der gemeinsamen Kommunikation vorher. Ich habe seinen Orbit komplett verlassen und es kommt... nichts mehr. Wenn ich dann irgendwann ein „Guten Morgen und einen wunderschönen Tag für dich" schreibe, passiert...nichts.

Ich erinnere mich an einen Fall, da schrieb mich ein Mann an, der sich relativ neu bei einer der namhaften Online-Dating-Plattformen angemeldet hatte. Das Hin- und Herschreiben machte sehr viel Spaß. Wir hatten so viele Gemeinsamkeiten, dass ich mich so sehr freute, als er nach einem Date fragte. Bis es zu dem verabredeten Tag kam, waren wir weiterhin im regen Kontakt und als wir uns dann trafen, konnten wir nun endlich in live quatschen und unsere ganzen Themen im echten Leben austauschen. Nach ca. 3 Stunden schönstem Austausch zahlte er die Rechnung, brachte mich zu meinem Auto, nahm meine Hand und sagte ganz konkret: „Denise, das war ein wunderbarer Nachmittag. Wie hat es denn dir gefallen? Hast du Interesse daran, dass wir uns wieder sehen?" Als ich das bejahte, strahlte er übers ganze Gesicht. Wir verabschiedeten uns herzlich und dann...wurde er wohl von einem dieser Doppeldeckertouribusse überfahren und hat durch den Aufprall sein Gedächtnis verloren.

Also, was ist da los? Auch alle über Nacht gestorben? Die meisten Herzanfälle geschehen ja nachts. Kamen die Men in Black vorbei und haben geblitzdingst? Hast du von Morpheus die rote Pille genommen und die Matrix verlassen?

Ich weiß nicht, ob Frauen das auch so machen. Aber ich finde dieses Verhalten respektlos und unaufrichtig. Dann sag doch gar nichts, wenn du mich nicht noch einmal sehen möchtest. Verabschiede dich, wünsch mir ein schönes Leben und die Welt ist in Ordnung. Denk doch mal außerhalb deiner Box und begreife, dass mein Gehirn das glaubt, was du mir sagst. Sag einfach nichts und – unterste Schublade – Männer reden doch angeblich eh viel weniger Worte als wir Frauen. Dann schweig doch in diesem Fall auch einfach und mach mir keine Hoffnungen. Fang doch mit dem Schweigen schon an, bevor die Nacht hereinbricht und die Matrix dein Gehirn umpolt. Dankeschön.

Dein Outfit beim 1. Treffen

Es gibt nur einen, ja wirklich, nur einen Grund beim 1. Date mit einem Jogginganzug aufzutauchen. Nämlich, wenn wir zum Joggen verabredet sind (und das wird nie passieren, denn ich hasse Joggen).

Wer mich bei der Kleiderwahl vor einem Date (dem 1., 2., 3...) beobachtet, wird schnell denken, ich hab sie nicht mehr alle (also, wenn ihr das nicht eh schon denkt, dann spätestens in diesem Moment). Und gleichermaßen bin ich davon überzeugt, dass jede Frau auf diesem Planeten mich versteht.

Ich stehe ratlos vor dem Kleiderschrank und während es mir immer leicht fällt, ein Outfit für die Arbeit, das Ausgehen mit Freunden, eine Party zusammenzustellen, stehe ich jetzt vor einem unlösbaren Problem. Ich stehe vor einem vollen Schrank mit Nichts anzuziehen. Ich starre auf eine warenhausähnliche Menge an Auswahl und nichts ist richtig. Also geht die Modenschau los mit Selfies vor dem Spiegel und diese werden dann an sämtliche

Freundinnen verschickt mit der Bitte um Feedback und Optimierungsvorschläge. Zum Glück ist das schon so oft passiert, dass meine Mädels meinen Schrank inzwischen so gut kennen, dass sie von sich aus Vorschläge anbringen können. Schließlich will ich ja lässig-schick auftreten, elegant und so aussehen, als hätte ich keinerlei Aufwand in mein Outfit gesteckt, während in der Realität mein Schlafzimmer von den vielen Anproben aussieht, als hätte eine Bombe eingeschlagen.

Wie kann es dann gehen, dass man(n) sich mit mir in einem Szene-Café am KuDamm trifft und einen Jogginganzug anhat? Und ich rede nicht von einem der stylischen Dinger, die inzwischen (und hoffentlich nicht mehr lange) salontauglich sind. Ich rede von einem grauen, blubberigen Jogginganzug. Also, mal ehrlich…hallo? Welches Signal willst du mir denn damit setzen? Dass du dir so gar keine Gedanken um dein Outfit gemacht hast? Dass es dir scheißegal ist, was ich von dir denke? Vor allem, was wirst du anhaben, wenn wir erstmal 2 Jahre lang zusammen sind und der Schlabberlook (Gott bewahre) irgendwann einmal Einzug in unsere Beziehung erhält? How low can you go? Ich bin einmal mehr sprachlos.

Das Argument des Herren war übrigens: „Ich komme grade von der Arbeit." (er war Physiotherapeut). Ah ja. Na und? Und auf der Arbeit hattest du keine Möglichkeit, dir eine Jeans und ein Shirt oder Hemd zu hinterlegen, das du dann mal eben anziehst, bevor du zu deinem Date aufbrichst? Man(n), man(n), man(n). Da gibt es noch Einiges zu lernen.

Wenn du die Location vorschlägst, dann weißt du ja, wie es dort zugeht und, bitte, pass dich mit deinem Outfit an diese Location an. Wenn ich die Location vorschlage, dann darfst du gern Mr. Google befragen und die Bilder dieser Location anschauen, um deine Kleiderauswahl dem Ambiente entsprechend anzupassen. Komm lässig, wenn wir uns zum Spazierengehen verabreden. Komm casual-schick, wenn wir Kaffee trinken gehen. Komm etwas eleganter, wenn wir abends essen gehen und wenn das Ambiente eine Currywurstbude oder einen Imbiss übersteigt. Es muss kein Anzug sein. Aber bitte, gib dir doch etwas Mühe. Nimm dir ein Beispiel an den lustigen Tiermännchen in sämtlichen YouTube-Videos. Wie die sich aufplustern, ihre schönen Farben präsentieren und einen Balztanz aufführen um das Weibchen auf sich aufmerksam zu machen und in dessen Gunst zu gelangen. Mit einem Jogginganzug schaffst du das nicht. Glaub mir, schaffst du nicht. Funktioniert nicht. Ist doof.

Die Duftfalle

Hast du schon mal den Satz gehört, dass das Parfum, das man trägt, eine ganz eigene Variante eines Kleidungsstückes ist? Ein Parfum unterstreicht deine Persönlichkeit und hebt sie hervor. Je nachdem für welchen Duft man sich entscheidet, strahlt man bestimmte Stimmungen und Gemütslagen aus.

Das limbische System in unserem Gehirn ist in der Lage, einmal wahrgenommene Düfte, die uns emotional bewegt haben, für immer abzuspeichern und aus der hintersten Schublade unseres Gehirns hervorzuholen, wenn wir sie wieder riechen.

Von daher Jungs, Vorsicht bei der Wahl eures Parfums am Tage des Dates. Vielleicht wäre es besser, wenn ihr Natur pur (also, schon geduscht) duftend zum Date geht und euch nicht mit eurem Lieblingsduft zuballert. Denn wenn euer Lieblingsduft der gleiche ist, den ihr Ex immer benutzt hat, seid ihr raus aus dem Spiel. Da könnt ihr noch so toll sein. Das limbische System zieht die Schublade auf und sagt: „Igitt, mit dem Duft war ja was." und schon seid ihr chancenlos.

Mir persönlich geht es mit zwei Düften so, die ich ursprünglich mochte, die ich aber mit etwas Unangenehmen verbinde. Und die haben noch nicht mal was mit Ex-Partnern zu tun.

Der eine ist ein bekannter Duft eines namhaften französischen Parfumhauses. Ich hatte eine furchtbare Taxifahrt in St. Petersburg mit einem Russen, der alle meine Klischees bediente. Er war schwammig-schwabbelig, vom Alkohol aufgedunsen, duftete nach einer Mischung aus Restalkohol, Schweiß, viel Knoblauch und einer überdosierten Menge von eben diesem Duft. Er fuhr mich mit seinem Taxi vom Flughafen in die Innenstadt und ich betete bei dieser Taxifahrt um mein Leben und darum, das Taxi, ohne mich übergeben zu müssen, wieder heil verlassen zu können. Seit dieser Erfahrung kann ich den Geruch dieses Parfums nicht mehr ertragen.

Der zweite Duft ist von einem amerikanischen Modelabel. Der versetzt mich sofort zurück in meine Schulzeit, denn gefühlt hatte jeder meiner männlichen Mitschüler sein Taschengeld in diesen Duft investiert und diesen dann auch fröhlich viel gesprüht. So dass ich morgens, wenn ich zur Schule kam, ein Gemisch aus Parfum und Zahnpasta vernahm, das sich spätestens nach dem Sportunterricht in ein Parfum-Schweißgemisch verwandelte. Und ich war raus und bin es noch. Mein limbisches System reißt seine Schubladen auf, wenn ich diese zwei Düfte heute rieche, und schreit ganz laut „Stopp!".

Von daher mein Vorschlag: komm doch unparfümiert, um dir alle Türen möglichst offen zu halten und die Dame deines Interesses nicht durch ihr limbisches System abzuschrecken. Und dann kannst du ja im Gespräch vorfühlen, welche Düfte sie besonders mag oder eben nicht.

Der Mann, der den Kuchen nicht bezahlte

Es gibt ja in der Tat Männer, die sich selbst kastrieren. Wie? Indem sie die Rechnung des 1. Dates nicht übernehmen. Wenn du zielgerichtet deine Männlichkeit aufgeben möchtest, dann bestehe beim 1. Date auf getrennte Rechnungen. Dann kannst du dir sicher sein, dass ich niemals, nie, wirklich never ever romantische Gefühle für dich hegen werde. Trotz aller Emanzipation bleibt ein Mann ein Mann und eine Frau eine Frau. Das bedeutet, der Mann legt im Balzverhalten vor und die Frau folgt ihm nach. Empirisch betrachtet, denkt unser Unterbewusstsein noch immer im alten Rollenverhalten. Der Mann ist der Ernährer und die Frau kümmert sich um Haus und Hof. Von daher ist es gar keine individuelle Reaktion meinerseits auf das Nichtbezahlen der ersten gemeinsamen Rechnung, sondern mein Körper reagiert ganz unbewusst und denkt: „Der kann dich nicht ernähren."

Systemisch betrachtet, legt der Mann seine Welt zu den Füßen der Frau und sie folgt ihm daraufhin. Wenn er diesen kriegsentscheidenden Schritt unterlässt, beraubt er sich seiner Männlichkeit und braucht gar nicht erst hoffen, dass sie sich entscheiden wird, sein Weibchen zu werden. Und alle Frauen, die jetzt aufschreien und das für Quatsch halten – Ladies, sorry, dann seid ihr Emanzen oder steht nicht wirklich auf den Typ vor euch. Wenn ihr den wirklich toll findet und euer Leben mit ihm teilen wollt, dann wollt ihr, dass er zahlt.

Das bedeutet auch, dass du, lieber Mann, es in der Hand hast mit einem ganz klaren Signal: du willst mich wiedersehen? Dann zahle die erste Rechnung. Du fandest unser Date furchtbar und willst mich nicht wiedersehen, dann bestehe auf getrennte Rechnungen. Ist doch ganz einfach.

Ich war mit einem Mann in Potsdam verabredet, um im Park Sanssouci spazieren zu gehen. Wir kamen beide zeitgleich am Parkplatz an und trafen uns dann zufällig schon dort statt am verabredeten Treffpunkt. Er schlug vor, dass wir vor dem Spaziergang noch gemeinsam Kaffeetrinken gehen könnten. Gesagt, getan. Es war ein wunderschöner, sonniger Tag. Wir saßen auf der Terrasse und wählten je ein Stück Kuchen und einen Kaffee aus und unterhielten uns angeregt. Er war Pilot und war von daher von einem ähnlichen Reisefieber gepackt wie ich und so ergab ein Thema das nächste. Die Zeit verging und er fragte nach einer guten Stunde, ob wir nun zu unserem Spaziergang aufbrechen wollten. Wollten wir. Also bestellte er die Rechnung, die die nette Bedienung schnell brachte und auf den Tisch legte und sagte: „Das macht dann 14,80€ bitte." Daraufhin sagte er: „Wir brauchen bitte zwei Rechnungen." Ich weiß nicht, wer schockierter aus der Wäsche schaute. Sie oder ich. Sie guckte mich an, ich guckte sie an, wir zuckten beide mit den Schultern, sie ging und kam mit zwei neuen Rechnungen à 7,40€ zurück. Ja, ähm…kann man machen. Ich meine, wir reden immerhin von einer horrenden Rechnung von 14,80€. Ich sag es gerne noch einmal: 14,80€. Also, nur damit ihr mich richtig versteht: vierzehnachtzig. Am liebsten würde ich es noch einmal sagen: vierzehnachtzig!!! Und er war kein armer Student, der sich mit Bafög über Wasser halten musste. Na gut, wenn ich mein liebes Herz anschalte, dann weiß ich ja auch, dass ein Pilot hoch verschuldet aus der Ausbildung kommt und Jahre braucht um das abzubezahlen. Aber nochmal, wir reden von 14 Euro 80. Und wir waren danach in der Tat noch 2 Stunden im Park spazieren und haben weiter gequatscht als gäbe es kein Ende in unseren Themen. Und er meldete sich auch noch am nächsten Tag (da hätte die Matrix mal funktionieren sollen) und schrieb, wie schön er unser Treffen fand und wann wir uns wiedersehen könnten. Und ich war am überlegen, ob ich jetzt ungerecht reagiere, denn wir hatten eine schöne Zeit zusammen verbracht. Aber was mit mir passierte, nachdem er die Rechnung splitten ließ, war Folgendes: Mein Körper machte zu. Ich kann das gar nicht anders erklären. Mein Körper reagierte unbewusst und sortierte diesen Mann als potenziellen Partner aus. Als Freund – klar, gerne. Wir haben uns ja super verstanden. Aber als Mann kann ich dich einfach nicht mehr ernst nehmen und Gefühle, die sich während des tollen Gespräches aufgebaut haben, wurden innerhalb von Sekundenbruchteilen zerstört. Du hast dich einfach selbst kastriert und dich deiner Männlichkeit beraubt – wegen, ich will es noch einmal herausstellen: 14,80€.

Ich kenne Männer, die jetzt antworten würden: „Dann werde ich ja arm, wenn ich jede Uschi, die ich treffe, einladen soll." Meine Antwort darauf kann nur lauten: dann wähle etwas weiser aus, mit wem du dich verabredest. Dann vergeudest du nicht deine Zeit und dein Geld. Und du brauchst wirklich nur dann zahlen, wenn du sie wiedersehen willst. Ansonsten ist die Message, die du mit getrennten Rechnungen aussendest, eindeutig.

Gleichermaßen kannst du doch eine Location wählen, die in deinem finanziellen Rahmen liegt. Es muss ja nicht gleich die Austernbar im KaDeWe sein. Oder du verabredest dich mit der Frau deines Interesses zum Spazierengehen und kannst dann ja währenddessen entscheiden, ob du mit ihr noch irgendwo einkehren möchtest oder es bei dem walk and talk belässt.

Und ein kleiner Tipp am Rande. Eine Frau mit Klasse wird dich immer fragen, was du auswählst, um eine

Orientierung zu bekommen wie viel dein Essen kostet. Dann kann sie sich in deinen Budgetrahmen einreihen. Wenn du dir beim Italiener Nudeln bestellst, wird sie sich kein Steak ordern. Wenn sie es doch tut, dann besteh auf getrennte Rechnungen, denn dann willst du diese Frau auch nicht an deiner Seite haben.[11]

---

[11] Übrigens auch ganz übel für dich, lieber Mann: Wenn die Dame, mit der du dich triffst, beim 1. Date die Rechnung übernimmt oder von vornherein sagt: „Lass uns doch Halbe-Halbe machen." Dann ist das gar nicht gut für dich. Entweder zeigt das, dass sie dir nichts schuldig bleiben will, weil sie das Date furchtbar fand oder aber sie ist eine Emanze. Willst du mit einer Emanze zusammen sein? – Nein? Siehst du!

Time to say goodbye

Irgendwann nähert sich jedes Date einmal seinem Ende. Ich persönlich finde, dass ein 1. Date sich in einem Zeitrahmen von 1 ½ bis 2 Stunden befinden sollte (es sei denn, es ist ganz furchtbar. Dann kann man in diesem Jahrtausend durchaus auch abbrechen und sich einen schönen Weg wünschen. Oder es läuft so toll, dass man die Zeit vergisst. Geht ja auch.).

Wenn es dann an der Zeit ist, sich zu verabschieden, gibt es meines Erachtens kein Patentrezept dafür, wie diese Verabschiedung auszusehen hat. Folge deinem Gefühl, deiner Intuition, was hier, heute, jetzt zum Abschluss dieses Dates angemessen ist.

Eine Umarmung und ein Kuss auf die Wange sind in der heutigen Bussi-Bussi-Gesellschaft normal und absolut in Ordnung.

Ein Handschlag oder ein voreinander Stehen ohne Körperkontakt würde mich jetzt irritieren und daraus würde ich dann auch meine Schlüsse ziehen. Nämlich, dass ich von dir nie wieder etwas hören werde.

Gleiches gilt auch für die unbeholfenen Umarmungen zum Abschied. Also dieses, naja, ich mach es, weil ich ja muss. Da spüre ich den Unterschied sehr gut zwischen einer herzlichen und einer zwangsverpflichteten Umarmung.

Sollte man zum Abschied gleich auf den Mund küssen? Mmh. Schwere Frage und wirklich situationsabhängig. Tu es nicht, weil du es routiniert immer tust. Lass es nicht bleiben, weil du es noch nie getan hast. Sondern höre auf deine Intuition und mach es von der Situation und von der Person abhängig, die du vor dir hast.

Was du definitiv nicht tun solltest, wenn dir und ihr an einer Entwicklung in Richtung fester Partnerschaft liegt, ist, fummeln und ihren Körper an Stellen zu berühren, die man als „privat" einstufen würde. Ausnahmen bestätigen zwar die Regel, doch wie oft treffen diese Ausnahmen zu?

Wer meldet sich nach dem Date?

So, das Date ist gelaufen und wie geht es nun weiter?

Auch hier bin ich der Meinung: keine Antwort ist auch eine Antwort. Wenn dir daran gelegen ist, dass wir uns wiedersehen, dann wirst du automatisch zum Handy greifen und dich bei mir melden. Und wenn nicht, dann kommt die Message auch klar an. Nichtsdestotrotz wäre es natürlich fein, wenn du nicht einfach von der Bildfläche verschwindest und dich doch mindestens noch einmal meldest, selbst wenn es zu keinem weiteren Treffen kommt. Schreib doch diesen Satz: „Ich danke dir für diesen Abend. Der Funke ist leider nicht übergesprungen. Ich wünsche dir bei deiner weiteren Suche viel Erfolg." Dann hast du dich einfach und elegant aus der Affäre gezogen und hast für klare Verhältnisse gesorgt.

Doch wer meldet sich nun zuerst? Der Mann oder die Frau? Ich als Kind der 80er bin der Meinung, dass hier das Balzverhalten noch weitergeht und der Mann derjenige sein sollte, der den ersten Kontakt nach dem ersten Date aufnimmt. Vielleicht ist mein Denken nicht mehr zeitgemäß. Dennoch zeigt es, dass Er Interesse an Ihr hat und sie fühlt sich wie eine Prinzessin (und wir wollen uns beim Umworben werden fühlen wie eine Prinzessin). Willst du uns süß grinsen sehen, dann melde du dich nach dem 1. Date zuerst.

Und vergiss die 3 Tage Regel

Wie schon erwähnt, ich bin ein Kind der 80er. Das heißt, in den 90ern war ich pubertär und habe mir mein Wissen über die Liebe in der Bravo und der Bravo Girl angelesen. Da ich in meiner eigenen Altersgruppe nach Männern Ausschau halte, gehe ich davon aus, dass du mit den gleichen Regeln groß geworden bist.

Damals hieß es, du hast nach einem Date drei Tage Zeit dich zu melden. Das sei der übliche Rahmen. Melde dich nicht zu früh, dann wirkst du übereifrig und verzweifelt. Melde dich nicht an Tag vier, dann strahlst du Desinteresse aus und die Person deines Herzens wird wieder die Fühler ausstrecken und nach einem neuen Partner Ausschau halten, da sie denkt, du hättest kein Interesse an ihr.

Heutzutage sage ich, was für ein Bullshit. Melde dich, wenn dir danach ist dich zu melden. Schreibe der Dame deines Herzens nach dem 1. Date, dass es dir gefallen hat (nur, wenn es wirklich so war). Schick ihr am nächsten Morgen einen Guten-Morgen-Gruß, dass sie weiß, die Matrix hat nicht zugeschlagen und dein Interesse an ihr ist ungebrochen da.

In der heutigen schnelllebigen Zeit sind drei Tage extrem lang. Unser Gehirn ist so vielen Reizen ausgesetzt. Wenn sich so viele Männer nicht mehr am nächsten Tag an ihr Date vom Vorabend erinnern können (ohne, dass zu viel Alkohol floss), dann erwarte nicht von uns, dass wir nach drei Tagen noch wissen, wer du bist.

Kuriositätenquintett

An dieser Stelle enden meine Tipps für dich. Denn ich denke, ab nun ist es kein Unterschied mehr, ob du die Person deines Herzens im Internet oder im realen Leben auf der Straße oder im Supermarkt oder am Arbeitsplatz kennengelernt hast.

Noch einmal, ich weiß, meine Erzählungen sind sehr einseitig, denn sie sind aus meiner Sicht der Dinge geschrieben und beruhen auf meinen persönlichen Erfahrungen und Erlebnissen. Ich denke, dass viele Frauen, die online daten, sich ähnlich verhalten wie die Männer, von denen ich hier schreibe. Von daher denke ich, dass dieses Buch sich ebenso an Frauen richten kann, die ein paar Tipps für ein erfolgreicheres Online-Dating haben möchten.

Nun bekommst du noch ein paar Geschichten mit auf den Weg, die mir in meiner Dating-Zeit wiederfahren sind, die du vielleicht genauso kurios und am Ende unterhaltsam findest wie ich.

Der Weltverbesserer mit dem Bananensaft

„Also, ich habe ja mein Auto abgeschafft. Ich kann das nicht mit meinem Gewissen vereinbaren, wie sehr die Umwelt schon unter der Produktion eines Autos leidet. Ganz zu schweigen von der negativen Auswirkung auf die Umwelt bei der Produktion von Benzin und später auch die Abgase, die ein Auto erzeugt. Das schädigt alles so sehr. Nein, Autofahren sollte komplett abgeschafft werden zugunsten von ausschließlich öffentlichen Verkehrsmitteln, " sagte ein Mann bei einem Date, auf dem ich war.

Bis dahin war er mir trotz Zahnlücke recht sympathisch, aber ab da wurde das Date komisch. Komisch, weil ich unbequem wurde und nachfragte. Denn was war vorher geschehen?

Wir trafen uns in einem Restaurant und als die Bedienung kam und nach den Getränkewünschen fragte, bestellte er sich einen Bananensaft. Und warum auch nicht?

Kann man ja machen bei einem Nobelitaliener. Da ist Bananensaft doch das Naheliegendste, das man sich bestellt. Und gleichzeitig lieferte er mir jetzt die Vorlage für eine wunderbare Argumentationskette - und wenn ich was kann, dann ist es meine Fähigkeit, den anderen verbal an die Wand zu fahren. Ich sagte also Folgendes zu ihm: „Nunja, ich habe verstanden, dass dir der Umweltschutz am Herzen liegt und dass du der Meinung bist, dass wir Menschen heutzutage viel mehr aufgefordert sind, etwas für den Umweltschutz zu tun…" Er fiel mir ins Wort (sowas kann ich ja leiden) und sagte: „Mehr noch, wir sollten uns gar keine Gedanken über den Umweltschutz machen müssen. Wir sollten unseren Müll gar nicht zu trennen brauchen. Einfach weil alles umweltfreundlich produziert wird oder eben gar nicht erst produziert wird." Ich: „Aha, verstehe. Nun, wie erklärst du mir dann, dass du in Deutschland beim Italiener sitzt und Bananensaft trinkst anstelle von naturtrübem Bio-Apfelsaft aus der Region? Um Bananen nach Deutschland zu bekommen, muss doch die Umwelt sehr schlimm geschädigt werden, oder?" Seine Reaktion war entsetztes Schweigen. Ich sage euch, das wurde ein laaaaanges Date.

Irgendwann kam unser Essen und das Gespräch kam wieder in Gang. Wir unterhielten uns über Urlaubsreisen. Ein vermeintlich sicheres Thema. Und ich hätte erwartet, dass unser Naturfreund erzählen würde, dass er Camping an der Ostsee liebt und dort mit seinem Fahrrad hinreist. Doch nein. Er erzählte, dass er gegen Anfang des Jahres in Japan war und dass es ihm dort so gut gefallen habe. Und dass er nun überlege, gegen Ende des Jahres entweder nach Brasilien zu reisen oder doch noch einmal nach Japan zu fahren. Und ich fragte dann: „Wie kommst du dahin?" Er: „Na, mit dem Flugzeug." Ich: „Wie rechtfertigst du den Kerosinverbrauch und die Menge der Abfallprodukte bei der Produktion eines Flugzeuges mit deinem Vergnügen, auf einer Langstrecke in den Urlaub zu fliegen in Bezug zu deinem Anspruch an den Umweltschutz?" Und er ... war still.

Irgendwann sagte er noch sowas Cleveres in dem Sinne, dass man das Geld der Reichen enteignen und gleichmäßig unter der gesamten Bevölkerung verteilen solle. Ich war ja vorher schon lange raus (im Grunde schon, als er sich den Bananensaft bestellte). Doch was habe ich aus diesem Date gelernt: Themen wie Umweltschutz, Weltpolitik, Wirtschaft und aktuell Flüchtlinge sollten am Anfang der Kennenlernphase vielleicht eher ausgespart werden – naja, oder grade angesprochen werden. Dann weiß man sofort, dass man sich im schlimmsten Fall kein zweites Mal zu treffen braucht.

Der Autist oder Pass auf, was du dir wünschst

Habt ihr schon mal von dem Buch *Das Rosie-Projekt* von Graeme Simsion gehört? Ich hatte es in Windeseile durchgelesen und fand es sehr unterhaltsam (kleiner Buchtipp am Rande). Dieses Buch handelt von einem Autisten, der auf der Suche nach seiner Traumfrau ist.

Als ich das Buch durchgelesen hatte, dachte ich so bei mir: „Eigentlich würde ich gern mal einen Autisten treffen, um zu erfahren, wie das so sei." Also, wie ein Autist sich verhält, wie anders seine Wahrnehmung der Dinge sei. Ich habe diesen Gedanken gar nicht aufs Online-Dating bezogen, sondern dachte das so ganz allgemein als Lebenserfahrung.

Eines Tages hatte ich ein Match bei Tinder und der Herr schrieb mich auch sofort an. Wir hatten einen witzigen Austausch und verabredeten uns für einen der kommenden Abende zu einem Glas Wein. Ich schlug 21:30 Uhr vor. Er sagte, dass ihm 21:42 Uhr lieber sei. Da stutzte ich noch nicht, denn ich dachte, dass er ja vielleicht mit der

Bahn käme und dass das die Ankunftszeit der Bahn gewesen sei.

Ich stutze auch noch nicht, als er um 21:43 Uhr stark verschwitzt und außer Atem vor mir ankam. Sondern erst als er erklärte, dass 21:42 Uhr die Ankunftszeit der Bahn inklusive einer Minute Wegezeit zum Treffpunkt gewesen wären und dass die Bahn eine Minute Verspätung hatte und so seine Rechnung nicht mehr aufging und er so rennen musste, um die Minute wieder rauszuholen - ja, da dämmerte es mir langsam...

Wir spazierten dann gemeinsam ins Restaurant, nahmen Platz, bestellten Getränke und kamen angenehm ins Gespräch. Meine Verwunderung vom Anfang hatte ich wieder vergessen und – mal ehrlich – ich mag Pünktlichkeit. Und er war bemüht, pünktlich zu sein. Das ist ein starker Pluspunkt für ihn.

Irgendwann im Laufe des Abends fragte er, ob er mir eine Geschichte erzählen könne. Ich nickte. Er sagte nichts. Wir beide sahen uns erwartungsvoll an und es passierte nichts.

Dann wiederholte er sein Anliegen und sagte: „Denise, darf ich dir eine Geschichte erzählen?" Und ich nickte wieder. Und wieder passierte nichts. Bis er ergänzte: „Du musst Ja sagen." Und ich: „Äh? Wie?"

Er: „Du musst Ja sagen, dass ich weiter erzählen kann."

Ich: „Ich hab doch genickt. Aber ja, bitte, erzähle mir die Geschichte."

Er fing also an: „Denise, stell dir vor, wir sind auf einer Party."

Pause. Es kam nichts mehr und ich wartete... Und er wartete auch.

Dann sagte er: „Du musst Ja sagen."

Ich: „Wie?"

Er: „Wenn ich was sage, musst du danach Ja sagen."

Ich: „Aha, wieso?"

Er: „Na, weil ich sonst nicht weiter erzählen kann."

Ich: „Aha, alles klar."

Er: „Also, stell dir vor, wir sind auf einer Party."

Ich: „Ja."

Er: „Und stell dir vor, wir trinken dort Cocktails."

Ich nickte.

Pause.

Er: „Du musst doch Ja sagen."

Ich: „Achso, stimmt. Also Ja."

Er: „Also, stell dir vor, wir trinken auf der Party Cocktails."

Ich: „Ja."

Er (wirkte erleichtert, dass ich sein Spiel langsam kapiert hatte): „Und wenn du so viel getrunken hast, dann musst du ja auch irgendwann mal aufs Klo."

Ich: „Ähm...jaaaaa?"

Er: „Und wenn du aufs Klo gehst, dann gibst du mir ein Zeichen."

Ich: „Ähä...ja."

Er (schon sehr verzückt): „Und dann komm ich dir hinterher."

Ich: „Joaaaaaaaa?"

Er: „Und dann... hihihi... schau ich dir beim Pinkeln zu."

Pause. Schweigen.

Er (leicht verzweifelt): „Du musst doch Ja sagen."

Ich: „Ich möchte aber nicht weiter Ja sagen."

Er: „Aber, wenn du nicht Ja sagst, kann ich die Geschichte nicht fertig erzählen."

Ich: „Genau das ist mein Plan."

Wir plauderten dann schlagartig mit einem harmlosen Thema weiter, was dann wieder ganz angenehm war, bis er auf einmal, schlagartig und mitten im Satz umschaltete und sagte: „Darf ich dir wirklich nicht beim Pinkeln zusehen?"

Irgendwann rückte er dann sogar mit der Sprache raus und ließ mich wissen, dass er in der Tat ein Autist sei. Und ich dachte mir: „Wow, pass echt auf, was du dir wünschst. Es geht in Erfüllung."

Die Kichererbse

Mag ich Humor bei Männern? Ja! Also, das heißt, ich mag humorvolle Menschen generell. Und das kann ein witziger, ein dreckiger, ein rabenschwarzer, ein sarkastischer, ein alberner... Humor sein. Wenn du witzig bist, dann mag ich dich.

Und dann gibt es solche Menschen, die immer etwas zu lachen haben an Stellen, an denen es einfach nichts Lustiges gibt. Die lachen, weil...ja, warum eigentlich? Ich habe keine Ahnung.

Ich lernte einen Mann im Internet kennen, wir texteten sehr nett hin und her und tauschten dann recht bald unsere Nummern aus. Es ging über WhatsApp weiter und schließlich verabredeten wir uns zu einem Telefonat. Und er lachte nach jedem, wirklich nach jedem gesprochenen Satz.

Das ging dann in etwa so: „Also, ich habe gerade einen neuen Job angefangen. Hahahahaha. Und die brauchen mich da echt. Hahahahaha. Ich weiß gar nicht, wie die da bisher zurechtgekommen sind ohne mich. Hahahahha. Da geht es drunter und drüber. Hahahaha. Und ich überlege, ob ich da bleiben möchte bei dem Chaos. Hahahaha."

Und so lief dann das ganze Gespräch. Mit der Zeit war ich regelrecht angenervt und hatte Schwierigkeiten, mich zu konzentrieren, da ich immer auf das Satzende wartete, ja, lauerte und dieses nervige Hahahahaha wieder erwartete.

Nach dem Telefonat war ich erstmal bedient von diesem Verhalten. Nach ein paar Tagen Abstand, in denen wir wieder schriftlich texteten, sagte ich mir: „Komm, Denise. Jetzt stell dich mal nicht so an. Der Typ ist echt nett und war vielleicht nur aufgeregt beim Telefonieren. Jetzt gib dem Jungen doch noch mal eine Chance."

Wir telefonierten ziemlich genau eine Woche später das nächste Mal miteinander.

Damals war die Flüchtlingsthematik brandaktuell und er sagte: „Ja, hier in meiner Gegend sind etliche

Flüchtlingsheime gebaut worden. Hahahahaha. Und seitdem die da sind, verschwinden viel mehr Fahrräder. Hahahaha. Und überhaupt, wo soll das denn noch hinführen? Hahahaha. Ich glaube, ich werde umziehen, wenn die nicht bald verschwinden. Hahahahaha."

Nun hat ja jeder zu dieser Thematik eine eigene Meinung, aber ich denke, wir sind uns einig, witzig findet diese Thematik niemand. Wieso lacht man da?

Jetzt weiß ich ja als Hobbypsychologin, dass es bei Tieren sogenannte Übersprunghandlungen gibt. Also bei Katzen zum Beispiel, sie wollen etwas angreifen, machen sich absprungbereit und trauen sich dann doch nicht. Dann rennen sie schnell in eine Ecke und lecken sich hektisch über das Fell. Vielleicht ist dieses Hahahaha auch so eine Übersprunghandlung? Man weiß es nicht. Und ehrlich gesagt, ich will es auch nicht wissen. Irgendwie tut der Mann mir sogar leid, da seine Marotte ihm sicher nicht nur bei mir die Partie versaute. Auf Dauer nervt dieses Hahahahaha einfach nur. Ich möchte keinen Partner, der nach jedem Satz hysterisch wild kichert. Du etwa?

Die Labertasche

Meine liebe Freundin Magdalena und ich saßen neulich zusammen, als ich ihr das Manuskript dieses Buches zeigte und sie bat, mal ein paar Kapitel quer zu lesen, um ein erstes Feedback zu erhalten. Ihre Meinung dazu ist mir besonders wichtig.

Da sie ja auch in der Online-Dating-Welt unterwegs ist, kamen ihr einige meiner Kapitel sehr bekannt vor, da sie etliche der Geschichten so oder so ähnlich selbst erlebt hatte.

Während dieses Zusammenseins erzählte sie von dem Kontakt zu einem Mann, wie ich ihn selbst auch schon erlebt hatte und konnte gut nachvollziehen, dass sie darüber so aufgebracht war.

Vor zwei Tagen matchte sie auf einer Dating-App mit einem Mann, mit dem sie zunächst fröhlich hin und her textete, bevor sich die beiden dann für gestern Abend zum Telefonieren verabredet hatten. Sie sagte: „Denise, du kannst dir nicht vorstellen, wie fix und fertig ich nach diesem Telefonat war. Er hat mich 15 Minuten lang dauerbeschallt und ich kam nicht einmal zu Wort. Er hat mich zugetextet und selbst seine Atempausen waren so kurz, dass ich nicht einsteigen konnte, um auch mal etwas zu sagen. Der soll doch Professor an der Uni werden, wenn er sich selbst reden hören und andere dabei langweilen will."

Magdalena erzählte weiterhin, dass sie es dann nach 15 Minuten erstmals geschafft hatte, überhaupt zu Wort zu kommen und dies nutze, um sich von ihm zu verabschieden. Dass sie jetzt müde sei und ins Bett müsse. Er wünschte ihr daraufhin eine gute Nacht und man verabschiedete sich voneinander.

Sie lamentierte in unserem Gespräch noch eine Weile weiter und bediente jede erdenkliche Schublade zwischen Männern und Frauen. Seit wann es denn die Männer sind, die so viel reden? Das machen doch eigentlich die Frauen. Wie untypisch, dass er sich selbst in den Mittelpunkt stellt, statt sie, die Frau, glänzen zu lassen. Wenn er monologisieren möchte, kann er sich doch einen Goldfisch kaufen und den zulabern... Und ich konnte sie so gut verstehen, denn wie gesagt, auch ich habe eine solche Situation schon erlebt und war danach ähnlich angestrengt. Es ist nun mal so viel angenehmer und erquicklicher in einen Austausch miteinander zu gehen, als sich ewige Monologe einer einzigen Stimme anzuhören.

Nun hatte ich an diesem Tag mein gutes Herz am rechten Fleck und sagte zu ihr: „Ach, nun sei doch nicht so streng. Ihr habt doch so toll geschrieben. Da hat er doch nach dir gefragt und nicht nur über sich geschrieben. Er scheint doch an dir interessiert zu sein und vielleicht war er nur so aufgeregt über euer Telefonat. Ruf ihn heute Abend an und gib ihm noch eine Chance."

Und sie nahm sich ein Herz, rief ihn an, um ihr Leid zu klagen und um ihm gleichzeitig eine zweite Chance zu geben. Und er machte alles richtig. Er freute sich über ihren Anruf und sagte von sich aus: „Ich muss mich bei dir entschuldigen. Ich habe ja gestern die ganze Zeit nur geredet und als wir auflegten, bemerkte ich, dass ich gar nichts von dir erfahren habe. Das tut mir leid. Wollen wir uns morgen zum Spazierengehen treffen und du erzählst mir von dir?" Seufz, sie schmolz dahin und ich gleich mit und wir freuten uns beide über diese Entwicklung. Ich war sogar mit ihr aufgeregt, wie das Date am nächsten Tag laufen würde.

Der nächste Tag kam. Die beiden trafen sich an irgendeinem Hamburger Waldweg und spazierten los. Und sie unterhielten sich blendend... Ach nein, er unterhielt sich blendend. Sie latschte genervt nebendran. Und auch heute wieder: immer, wenn er mal Luft holte und sie die Millisekunde nutzen wollte, um auch mal zu Wort zu kommen, war er schneller und konnte seinen Monolog weiter führen. Sie schaltete das Hirn irgendwann ab und brummelte alle paar Minuten „Aha, mmmh, soso." und ließ das Elend über sich ergehen. Selbst wenn sie mal zu Wort kam, ließ er ihre Bemerkungen unkommentiert und schwätze fröhlich weiter, ganz so, als hätte sie nichts gesagt. Ein Wunder, dass er sie nicht rügte, dass sie ihm so unerhört ins Wort gefallen ist.

Sobald sie wieder am Anfang ihres Weges angekommen waren, ergriff sie die Flucht.

Mein Fazit zu dieser Geschichte: Ich bin immer wieder überrascht, wie viel Anstand wir dann doch noch so besitzen (und mit *wir* meine ich alle Menschen, die so sind wie meine Freundin und ich) und uns durch Dates durchquälen, anstatt diese einfach zu beenden und zu sagen: „Du, das passt hier leider nicht. Ich geh dann mal wieder."

Ich bin ganz stolz auf Magdalena, dass sie immerhin so viel gute Kinderstube an den Tag legte und der Labertasche nach dem Treffen noch eine Nachricht schickte, um ihm eine Absage für weitere Treffen zu erteilen. Ich glaube, ich an ihrer Stelle, hätte darauf vertraut, dass die Men in Black in beide Richtungen blitzdingsen können und wäre einfach von diesem Planeten verschwunden und hätte mich nicht mehr bei ihm gemeldet.

Koch21

Diese Geschichte erzählte mir eine Arbeitskollegin. Sie war online auf einer gängigen Plattform angemeldet und blieb beim dortigen Stöbern an dem Profil eines Mannes hängen, der sich *Koch21* nannte. Ihr gefiel, was in dem Profil stand und auch der Fakt, dass er Koch war. Ihr Bruder selbst ist Koch und den mochte sie sehr. Somit bekam dieser Mann schon von vornherein Vorschusslorbeeren vergeben und sie schrieb ihn an. Er schrieb zurück. Sie antwortete und zwischen den beiden entstand ein schöner und witziger Austausch.

Irgendwann schaltete er seine Profilbilder für sie frei, so dass sie nun endlich nicht mehr verschwommen, sondern klar und scharf sehen konnte, mit wem sie so angeregt schrieb.

Und es erschien...ihr Bruder auf den Fotos. Na kein Wunder, dass die beiden sich so gut verstanden hatten. ☺

„In meinem Alter kann man nicht so wählerisch sein."

Die gleiche Arbeitskollegin erlebte noch folgende Geschichte: Sie stöberte auf einer Dating-Plattform nach Männern, entdeckte ein Exemplar, das ihr gut gefiel und schrieb diesen Mann an (so viel zum Thema Frauen würden nicht anschreiben). Er hatte so viel Anstand, dass er antwortete, ihr aber eine Absage erteilte. Er sei an einem Austausch oder gar Treffen mit ihr nicht interessiert.

Wenige Wochen später schrieb er sie dann an und fragte, ob sie sich nicht doch einmal treffen wollten. Sie war erfreut über sein Interesse, fragte aber zunächst nach, wie denn sein Sinneswandel zustande käme. Er antwortete: „In meinem Alter darf man nicht mehr so wählerisch sein. Deshalb würde ich mich jetzt doch mit dir treffen wollen."

Ups, autsch. Ehrlichkeit kann schon wehtun.

Der Mann mit dem Schrein

„Also, ich bin ja über meine Ex hinweg. Wirklich. Aber lass uns nur noch mal kurz über sie reden. Weißt du, sie war so ein wundervoller Mensch. Ich war so verliebt in sie. Sie hat mir das Herz gebrochen, als sie ging. Mein Leben ging dann nur noch bergab. Aber jetzt bin ich bereit, mich wieder neu zu verlieben. Wirklich. Ich bin über sie hinweg. Sie war ja so ein toller Mensch. Ich habe alles für sie gemacht. Und sie hat mich dann nur mit den Füßen getreten. Aber ich habe sie so sehr geliebt. Da macht man ja Einiges mit. Aber zum Glück bin ich ja jetzt über sie hinweg. Wie lange bist du denn schon Single?" ... „Ein Jahr? Ah, ja. Ich ja erst 3 Wochen. Aber das reicht ja auch zum Verarbeiten. Ich meine, ich habe sie schon wirklich geliebt. Wenn sie sich nicht getrennt hätte, wären wir ja noch zusammen. Aber manchmal entwickelt man sich ja in verschiedene Richtungen und dann passt das nicht mehr. Ist ja auch gut so. Ich bin ja auch drüber weg. Wollen wir noch eine Runde spazieren gehen?" ... „Hier sind meine Ex und ich auch immer langgelaufen und haben uns dann dort hinten immer ein Eis gekauft. Sie war schon eine tolle Frau. Ich vermisse sie und denke oft an sie. Aber eigentlich bin ich drüber weg. Man muss ja nach vorne schauen." … „Wie? Ach, du musst mal aufs Klo. Ach, du. Ich wohn hier gleich um die Ecke. Du kannst bei mir gehen." … „So, da wären wir. Das Klo ist gleich da ums Eck. Soll ich uns noch einen Kaffee kochen? Ja? Ok. Dann treffen wir uns gleich im Wohnzimmer." … „Schau mal, das Bild hier auf der Kommode. Das ist meine Ex. Hübsch, nicht wahr? Und schau mal, das Bild hier an der Wand. Da waren wir zusammen im Skiurlaub. Das war eine schöne Zeit. Und sieh mal hier, das ist das erste Bild, das von uns zusammen aufgenommen worden ist. Und hier, auf dem hier waren wir beim runden Geburtstag meines Vaters." … „Doch, doch, ich bin mir sicher, ich bin über sie hinweg. Jaja, das tangiert mich gar nicht mehr. Man muss ja auch nach vorne schauen." … „Die Bilder? Ja, die könnte ich ja mal wegräumen. Aber ich schau sie so gerne an. Auf den meisten bin ich ja auch mit drauf. Ach, das stört ja auch keinen, wenn sie hier noch stehen. Erinnern ja auch an gute Zeiten. Aber weißt du, das ist jetzt keine Sentimentalität oder sowas. Ich bin sowas von drüber weg über sie. Ja, wirklich."

Der Kommunikationswissenschaftler, der nicht kommunizierte

„Sowas gibt's?" fragte mich Magdalena neulich. Und ich konnte nur sagen: „Oh ja."

An einem lauen Sommertag traf ich mich mit einem Kommunikationswissenschaftler auf der Sonnenterrasse eines Restaurants zum Abendessen. Wir hatten uns über eine namhafte Online-Börse kennengelernt und dort schon sehr schön und kommunikativ miteinander geschrieben. Ich ahnte nicht, dass er sich nur schriftlich interessant, charmant und witzig ausdrücken konnte und dass das verbal nicht zutraf.

Obwohl das ganze Date nur anderthalb Stunden gedauert hatte, kam es mir sehr, sehr lang vor. Denn was dieser gut aussehende Mann nicht konnte, war, mit mir zu reden. Dabei hatten wir so viele Gemeinsamkeiten, die automatisch zu einer angeregten Unterhaltung hätten führen müssen. Aber unser Gespräch sah in etwa so aus:

Ich: „Also, du fährst auch gern nach Amerika. Welche Stadt hat dir denn bisher am besten gefallen?

Er: „San Francisco."

Ich: „Oh, wie toll. Ich liebe diese Stadt auch sehr und war schon mehrmals dort."

Er: „Aha."

Ich: „Was hat dir denn besonders gut gefallen?"

Er: „Die Weinregion."

Ich: „Absolut. Das geht mir genauso. Eine tolle Gegend."

Er: „Mhhhmhhh."

Ich: „Wo hat es dir denn noch gefallen außer in San Francisco?"

Er: „In den Nationalparks."

Ich: „Ähm, mmh. Ok. Und welche anderen Städte hast du noch gesehen, die dir gefallen haben?"

Er: „New York."

Ich: „Oh super. Ich liebe New York und bin fast jedes Jahr einmal da."

Er: „Aha."

Ich: „Wie oft warst du denn schon in New York?"

Er: „Ein paarmal."

Ich: „Was ist denn dein absoluter Geheimtipp für New York? Wohin gehst du da am liebsten?"

Er: „Mhh, weiß gar nicht."

Ich: „Ah, ok. Ich mag ja den Bryant Park total gerne."

Er: „Aha."

Ich: „Hast du denn schon deinen nächsten Urlaub geplant?"

Er: „Ja."

Ich: „Wohin soll es denn gehen?"

Er: „Kroatien."

Ich: „Wow, dort soll es ja sehr schön sein. Ich war leider noch nie dort, habe aber schon so viel Gutes gehört."

Er: „Ja, ich auch."

Und genau in diesem Stil ging der ganze Abend weiter. 90 geschlagene Minuten lang. Was ich so kurios dabei fand, ist, dass er nicht gelangweilt oder uninteressiert an mir wirkte. Im Gegenteil. Er war mir in seiner Körperhaltung sehr zugewandt und guckte freundlich. Und auch beim Verabschieden später hat er mich in den Arm genommen und herzlich gedrückt.

Es kam die Nacht, in der die Matrix normalerweise alles richten sollte und sie schlug nicht zu. Er meldete sich, weil er unser Date so schön, unseren Austausch so unterhaltsam fand und mich gerne wiedersehen würde.

Und das ist der Moment, in dem ich mich frage: „Waren wir bei dem gleichen Date?" Wo waren denn seine einsilbigen Antworten und mein Bemühen, ein Gespräch in Gang zu bringen, unterhaltsam? Wie unterschiedlich doch die Wahrnehmung von zwei Menschen sein kann, fasziniert mich bis heute.

Ich habe mich nicht noch einmal mit ihm getroffen, denn Kommunikationswissenschaftler hin oder her, wenn er nach Feierabend nicht mehr in der Lage ist zu kommunizieren, dann möchte ich das nicht. Miteinander schweigen zu können, ist mir sehr wichtig. Dass diese Stille beim Schweigen nicht unangenehm wird. Aber dem anderen so jedes Wort aus der Nase ziehen zu müssen, ist mir schlichtweg zu anstrengend.

Fazit: Nicht jeder ist auch gut in dem Job, den er macht. Beziehungsweise nicht jeder kann nach Feierabend noch das gut, das er den ganzen Tag lang beherrschen muss. Meine Putzfrau sagte auch einmal, dass sie bei sich zu Hause keinen Bock hat aufs Putzen und bei anderen Menschen macht sie es sogar gern.

Danke

- an Sille und Lars für den Tritt in den Hintern, dass ich dieses Buch schreibe.
- an meine Lieblingseheleute Gabi und Nico fürs an mich glauben und noch mehr in den Hintern treten.
- an all die lieben Menschen, die immer mal wieder Korrektur gelesen und Tipps gegeben haben.
- an all die lustigen und kuriosen Männer, die mich erst furchtbar aufgeregt haben, ohne die dieses Buch aber nicht entstanden wäre.
- an Susan, meine Glitzerfee, die mich immer wieder motivierte und dafür sorgte, dass ich dran blieb und mit beiden Beinen fest im Glitzer stand.
- an Nancy und Nini, an Murmel und KdL, die immer mein Drama kurz vor einem Date ertragen und mir bei der Klamottenwahl helfen mussten. Eure Nerven will ich haben! Dankeschööön.
- an Steffi fürs Dauerbeschalltwerden und danke für die Mietzekatze.

- an Kerstin fürs Durchfüttern, wenn ich mal wieder keinen Nerv hatte zum Einkaufen oder Kochen oder Haare raufen mir wichtiger schien als zu essen.
- an den wunderbaren Seelenpartner, der keiner wurde. Denn wenn wir es geworden wären, würde es dieses Buch nicht geben.
- an dich, lieber Leser, der diese Zeilen gelesen und hoffentlich genossen, gegrinst und geschmunzelt und vielleicht sogar etwas daraus gelernt hat.

Über mich

Habe ich die große Liebe im Internet gefunden? Leider – in dieser Runde der Suche - nicht. Doch hatte ich Spaß dabei? Oh ja, den hatte ich. Und dafür und all die lustigen Geschichten hat es sich gelohnt.

Ich arbeite als Coach, gebe Seminare und begeistere und motiviere viele Menschen, sich zu trauen, den nächsten Schritt im Leben zu gehen, über den Tellerrand hinaus zu schauen und das Beste aus ihrem Leben, ihren Beziehungen und ihrem Potenzial zu machen.

Ich den Sitzungen mit mir arbeiten wir an deiner Klarheit, die Dinge so zu sehen, wie sie sind und wir schauen, wie wir gemeinsam das Beste aus deinem Potenzial herausholen können.

Mit dem Gedanken an die Klarheit ist auch dieses Buch entstanden. Ich habe das Experiment gewagt, für dich, lieber Leser, das Online-Dating auf Herz und Nieren zu testen, so dass du ein klares Bild bekommst und aus meinen Erfahrungen lernen und deine Schlüsse ziehen kannst.

Schreiben wollte ich schon immer und nun ist es da, mein erstes Buch. Diese Geschichten mussten einfach in die Welt gebracht werden und es fühlt sich so verdammt gut an, dass du dieses Buch nun in deinen Händen hälst. Während du dies liest, tippe ich schon fleißig am zweiten und bin voller Vorfreude. Bis dahin: Cheerio.

Follow me on Facebook: Der Mann, der den Kuchen nicht bezahlte